Krishna Srinivas

Poema Épico

A

Los Cinco

Elementos

Traducido al español
por
Edith Rusconi Kaltovich

authorHOUSE

1663 LIBERTY DRIVE, SUITE 200
BLOOMINGTON, INDIANA 47403
(800) 839-8640
www.authorhouse.com

First published by AuthorHouse 04/26/04

ISBN: 1-4184-0312-1 (e)
ISBN: 1-4184-0313-X (sc)
ISBN: 1-4184-0314-8 (dj)

Printed in the United States of America
Bloomington, Indiana

This book is printed on acid-free paper.

Dedicated
To
My Beloved Wife
KOTHAI

*Dedicado a mi esposa **KOTHAI***

INTRODUCTION

For outstanding cosmic Poetry, Krishna Srinivas has earned his niche in the hearts of poets in all the six continents

The sweep of his memorable epic Five elements—Water, Wind, Fire, Earth and Void—is from time to eternity. It reaches the universal level.

He attempts to combine the mysticism of Tagore, and the imagery of Eliot. Here is a jewel of profundity, containing the essence of Hindu mysticism.

With the consummate art of a Poet-Musician, Krishna travels from the atomic dust, past the blood-soaked history of man to the awesome perilous present. He energizes his spiritual resources for the future generations. He is a man with all the foibles and frailties he is heir to, yet he has tested his strength and tested his virtues. He has walked the face of earth and visited all nations. He has shared their achievements and experienced their agonies. In his passion for reality, he fuses an audacity of vergal coinage with an elemental energy of utterance.

Krishna is a poet with a mission. His mission is peace through poetry, and he is the torch-bearer. As a pioneer, he says that : ' In the delirium in which the world is caught up, the poet has a vital part to play. New frontiers, newer horizons and newest vistas of space grow so cataclysmic. The poet has to raise his mind into the white radiance of super realities, visioning and previsioning the patterns of futurity. He must cut across centuries and beat the scientist in the race of discovering the roots of delight that weave and unweave life.'

Krishna Srinivas was born on 26th July, 1913 in the historic temple town of South India, Srirangam. He was brought up in a humble traditional family. From his early school days, he started writing poetry in English. After his graduation from Madras University in the year 1932, he worked for a brief period in a bank as a clerk. But the creative urge in him continued. Then he joined All Indian Radio, New Delhi as a feature writer for some time. Even there, the unchannelised poetic spirit, made him restless — and at last, forced him to settle at Madras independently as a journalist. By then his poems had already seen the light of day in several leading Journals in England as well as in USA. High appreciation for his poems came from T. S. Eliot, Auden, Spencer — the literary giants of our time and made him more confident in his poetic art and creative zeal. These international reviews and critical appreciations of his poems established him as a poet of repute in the later Fifties.

INTRODUCCIÓN:

Krisna Srinivas ganó los corazones de los poetas por su poesía cósmica sobresaliente publicada en seis continentes.

Una ojeada a su memorable épica, *Los Cinco Elementos, El Agua, El Viento, El Fuego, La Tierra y El Vacío.*— alcanza un nivel universal desde el tiempo de la eternidad.

Intenta combinar la mística de *Tagore* y el conjunto de imágenes de Eliot. Aquí tenemos una joya de profundidad, conteniendo la esencia de la mística indostánica.

Con arte consumado de Poeta y Músico *Krishna* viaja desde el polvo atómico y de la pasada historia del hombre bañada en sangre al presente terrible y peligroso. Da vigor a fuentes espirituales para las generaciones futuras. Es un hombre con todas las flaquezas y debilidades heredadas, y sin embargo ha probado su fuerza y virtudes. Camina sobre la faz de la tierra y visita todas las naciones. Comparte sus hazañas y experiencias así como sus agonías. En su pasión por la realidad, funde la audacia de la invención verbal con la energía elemental de la expresión.

Krishna es un poeta con una visión. La misión de paz a través de la poesía, y es el portador de la antorcha. Expresa, como primer promotor y dice que: *"En el delirio que el mundo se encuentra, el poeta tiene una parte vital hoy. Nuevas fronteras, nuevos horizontes y nuevas vistas del espacio lleva al cataclismo. El poeta tiene que elevar la mente al blanco resplandor de la super realidad, visionar y ser previsor a los modelos del futuro. Debe cortar a través de los siglos y vencer al científico en la carrera de descubrir las raíces del deleite que teje y desteje la vida".*

Krishna Srinivas, nació el 26 de Julio de 1913, en el templo histórico de la ciudad de Srinangam al sur de la India. Creció en un ambiente tradicional humilde. Desde sus primeros días escolares, comenzó a escribir poesías en *Inglés* . Después de su graduación de la Universidad de Madras en el año 1932, trabajó como empleado bancario por corto tiempo. Pero la creatividad lo impulsa a continuar. Luego, por un tiempo actúa en la *All Radio India, New Delhi,* como escritor. Aún allí el desencadenado espíritu poético lo inquieta y al fin, lo obliga a radicarse en Madras como periodista independiente. Por ese entonces sus poemas han visto la luz del día en varias revistas de Inglaterra, así como en las de los Estados Unidos de América. Su poesía es apreciada por **T.S.Eliot, Auden, Spencer**—los literarios gigantes de nuestro tiempo lo hacen más confidente en su arte poético y fervor creativo. Las críticas literarias internacionales y el reconocimiento crítico de los poemas lo establecen como un poeta de fama durante la década del cincuenta.

In the year 1960 he launched his own poetry Journal — called ' POET '. Within six months of its publications, ' POET ' caught the attention of poets and poetry lovers all over the world. Seeing its growing popularity and increasing patronage, Krishna started publishing poetry from 50 countries. And in the same year i.e. 1960, he started a world organization of creative arts — called the World Poetry Society Intercontinental and became its Founder-President — with centers in all the six continent and many patrons. Today World Poetry Society is a very popular world organization—in patronising and popularizing poets from different countries and their works all over the world. 'POET' and the World Poetry Society have rendered service for the noble cause of world poetry—with acknowledged mission — ' Peace through Poetry ' — under the dedicated stewardship of Krishna Srinivas. Amando M. Yuzon of Phillipines said : ' By the strength of your dynamic leadership and intellectual prowess, your love for humanity and your ideal for the brotherhood of men and nations, irrespective of race, creed and faith, you have rallied the poets and writers of various nations, mobilizing their divine inspiration for world peace.'

Krishna's poetic output includes : *Dance of Dust, Wheel, He Walks the Earth, Magic Pearls, Nirvana, Music of the Soul, Sonnets, Dew of Height, Five Elements.*

Mr. Tobin of Saturday Review of Literature in a nation-wide broadcast from N.B.C., New York has hailed Krishna as a mystic and aesthete and talked about his work thus : 'The Dance of Dust is a passionate protest of the fire and lust which has been man's use of the gift of life. It tells in magnificent imagery that wickedness has ravished the World — burnt it into a charred mass which as its purification and from the ashes of purification, mankind might have another chance.'

Dr. Tin-Wen Chung

President
Fourth World Congress of Poets
P.O. Box No : 58508, TAIPEI
Republic of China.

En el año 1960 publicó su revista llamada *"Poet"* (Poeta). Dentro de los seis meses de su aparición, *"Poet"* llamó la atención de poetas y amantes de la poesía en todo el mundo. Viendo crecer la popularidad y el aumento en subscriptores, *Krishna* comenzó la organización mundial de las artes creativas llamada—*World Poetry Society Intercontinental*— y fue el Presidente Fundador con centros en seis continentes y muchos patrocinadores . Hoy *World Poetry Society* es una organización muy popular— la que patrocina y populariza poetas de diferentes países y sus obras en todo el mundo. *"Poet"* y la *World Poetry Society,* rinden su servicio mundial de causa noble con la reconocida misión— *La Paz a través de la Poesía*—bajo la guía de *Krishna Srinivas. Amando M. Yuzon* de Las Filipinas dijo que: *"Por la fuerza de su dinámico líder y proeza intelectual, su amor por la humanidad y su ideal de hermandad entre los hombres y naciones, prescindiendo de raza, credo y de fe, ha reunido a poetas y escritores de varias naciones movilizando la inspiración divina de La Paz del Mundo".*

La producción total de las obras poéticas de *Krishna* incluye: *Dance of Dust (*La danza del polvo); *Wheel* (Rueda); *He Walks the Earth* (Camina en la Tierra); *Magic Pearls* (Perlas Mágicas); *Sonnets* (Sonetos); *Dew of Height* (Rocío desde las alturas); *Five Elements* (Los Cinco Elementos).

El señor Tobin del *Saturday Review of Literature* en una difusión nacional de N.B.C., de New York, alabó a Krishna, como un místico y estético y dijo de su obra: *"The Dance of Dust"* (La danza del polvo) *es una protesta nacional del fuego y lujuria que han sido el uso del don de la vida por el hombre. Habla como que la perversidad ha arrebatado al mundo—se ha quemado dentro de una masa carbonizada que es su purificación y desde las cenizas de su purificación, la humanidad podría tener otra oportunidad."*

(Dr. Tin-Wen-Chung,
Presidente del Cuarto Congreso Mundial de Poetas.
Tapei, Taiwan, República de China 1973)

Edith R. Kaltovich
12 Rydal Drive
Lawrenceville, NJ 08648-3653
(609) 882-4784

Born in Cordoba, Argentina, Edith Rusconi Kaltovich received a M.A. from Mount Holyoke College. She uses her talents as a bilingual writer, poet, and translator. After retiring from the Trenton Public School System, she became a Spanish professor adjunct at The College of New Jersey and Mercer County Community College in New Jersey.

She is the President of The New Jersey Poetry Society, Inc., active in PEN Women, World Poetry Society International, Mount Holyoke Princeton - Trenton Club, Delaware Valley Poets, Fernando Rielo Foundation, Spain - New York, The American Poetry Society, The Academy of American Poets, and Past President Arts Council Lawrenceville, New Jersey.

She had two books of poetry published, *Brambled Thoughts While Trimming Mimosas and Other Poems* and Harvest of Riches. Her published translated books include *Romances to the Argentine Children; Collect Telegrams, Poems of Urgency; Message of Redemption; Mochito* (Bilingual Children's Story); *Selected Poems* (Virgilio A. Olano B. - Colombia); and *The Five Elements—An Epic* (Krishna Srinivas - India) in Spanish.

Her name is listed in Who Is Who, in the International Poetry, Who Is Who in Public Affairs; Biographical Dictionary Universal International; Who Is Who in American Women, and Notable Americans of the Bicentennial Area (1976).

Member of the National Federation of States Poetry Society, Inc., The American Translators Association of New York, and The Association of Argentine Writers (SADE).

TRADUCTORA

Edith Rusconi Kaltovich nacida en Córdoba, Argentina, y radicada en Los Estados Unidos de América desde 1954. Se licenció en la Universidad de Córdoba, Argentina, y del Colegio de Mount Holyoke, en Massachusetts. Poeta, traductora y escritora ejerció como maestra de niños avanzados en la ciudad de Trenton, y a la vez fue profesora adjunta en el College of New Jersey y en Mercer Community College, en el estado de New Jersey.

Los libros traducidos son: "Romance a los Niños Argentinos"; "Colacionados, Poemas de Urgencia"; " Mensaje de Redención"; "Mochito" (cuento bilingüe para niños). "Poemas Escogidos" (Virgilio A. Olano B. Bogotá Colombia; Poema Epico "Los Cinco Elementos" (Krishna Srinivas, Madras, India).

Sus libros de poemas "Pensamientos Espinosos al Cortar las Mimosas y otros poemas", publicado en 1985 y "Cosecha de Riquezas" en 1989.

Su nombre aparece en **Quién es Quién,** de *La Poesía Internacional*. **Quién es Quién,** en *Asuntos Públicos; Diccionario Bibliográfico Universal Internacional*. **Quién es Quién,** *En Mujeres Americanas; Notables Americanos de la Era Bicentenario* (1976).

Miembro de la *Federación Nacional de Sociedades Poéticas Estatales, de la American Translators Association of New York, del Princeton-Trenton Mount Holyoke Club y de la Asociacion de Escritores Argentinos* (SADE).

Es Presidente y Ex-Vice-Presidente de la *Sociedad de Poesía de New Jersey,* en la actualidad es su Presidente.

TRANSLATOR'S NOTE

What moves around this terrestial ball in solemn silence?

In Reason's ear they all rejoice and utter in *Krishna Srinivas's* glorious voice for ever singing as the *Five Elements* shine.

The influence of his enlighted environment was important in converting Krishna Srinivas into a mature and cultured man.

His outlook on life and the world around him became more critical as he began to reflect on the problems of society in which he lives. This criticism found expression in his religious obscurantism with the old moralizing tone of a passive onlooker, but with impassioned interest of someone directly involved in the problem of his like, like *Francisco de Goya*, the Spanish painter.

Krishna Srinivas is pleasing and enlivened by the keen observation of reality. The elements presented in his literary work, almost from the start, and which to a certain extent, foreshadow aspects of the Spanish romanticism, Martinez de la Rosa, the Duque of Rivas, Espronceda, Zorrilla, and Becquer, and even Spanish surrealism Luis de Aragon, Garcia Lorca and Rafael Alberti coincided with a state of pessimism in *Five Elements: Water, Wind, Fire, Earth and Void* had caused his poetic spirit.

With his astonishing ability to find the most adecuate artistic language to communicate his innermost anxieties, *Krishna Srinivas* turns to a distorted form of expressionism, Kafka, James Joyce. Krishna Srinivas maintains his creative force, intellectual curiosity intact throughout his book.

However, *Five Elements* contains religious elements and a great deal of anguish. *Krishna Srinivas* emphasizes the irrational effect of the natural elements on humans rather than its heroic or gallant aspects. The destructive power of natural elements is regarded as something stronger than human nature, dominating both the natural elements and human nature.

The way in which the natural elements are presented is as violent as the scene itself and brings *Krishna Srinivas* very close to the expressionists, Kafka, James Joyce, exaggerating contracts, distoring features and doing away with any kind of refinement in order to convey the whole drama of the Terrible events.

NOTA de la TRADUCTORA

Como una varita mágica
la mano solitaria de "Krishna" corrió
como en La Visión de Belshazzar.

Edith Rusconi Kaltovich
Este pensamiento fue basado en la idea de
George Gordon Byron

¿Qué es lo que se mueve alrededor de la bola terrestre en silencio solemne?

En el oído de la razón, todo se regocija y articula en la voz gloriosa de *Krishna Srinivas* para cantar en los *"Cinco Elementos"*.

El contacto de su medio informativo es importante para convertir a *Krishna Srinivas* en un hombre manduro y cultivado.

Su visión del mundo que lo rodea se vuelve más profundo y a teñirse de lleno de los elementos que afectan a la sociedad en que vive. Esta crítica encuentra expresíon profunda en el oscurantismo religioso pero como la frialdad del moralista distante, sino como la visíon apasionada de quien vive los problemas y se involucra en su propia carne como el pintor español Franciso de Goya.

La estima social de *Krishna Srinivas* va en aumento profundo. Los elementos presentes en su trabajo literario casi desde el principio de su obra y que en cierto modo, indica los anticipos del romanticismo español (Martínez de la Rosa, El Duque de Rivas, Espronceda, Zorrilla y Bécquer) y aún los del surrealismo español (Luis de Aragón, García Lorca, Rafael Alberti) coincidiendo con un estado de pesimismo que había causado a su espíritu poético cuyo resultado son los *Cinco Elementos: El Agua, El Viento, El Fuego, La Tierra y El Vacío.*

Con sorprendente habilidad encuentra el más adecuado lenguaje artístico a lo que él desea exteriorizar: sus ansiedades. Krishna Srinivas vuelve a un nuevo sesgo hacia el expresionismo deformante.

Krishna Srinivas mantiene intacto la energía creativa, el caudal de su curiosidad a través del poema. Sin embargo, en *Los Cinco Elementos* hay elementos religiosos y mucha angustia lo que subraya el efecto embrutecedor de los elementos naturales en el ser humano y no su lado heroico y caballeresco. Su fuerza destructiva está vista en los elementos naturales como algo más fuerte, más ajeno y superior a los hombres mismos.

La manera en que los elementos naturales están presentados, es tan violenta como su propio contenido. Este aspecto sitúa a *Krishna Srinivas* en las puertas del expresionismo Kafka, James Joyce exagerando contrastes deformando los rasgos y quitando cualquier clase de refinamiento portador a la obra, todo el drama reclama la intensidad de los hechos, la tremenda carga emocional.

In conclusion, these *Five Elements* seem to contain bitter reflexions of the futility of life, the inevitableness of destiny and the communication between men.

The work reflects a vein of peace, the tones are very fine as the blizzard shows life at the hardest. It shows the expression characteristic of *Krishna Sriniva's* delicate style and excellent draughtsmanship. This sober, elegant narrative reveals a keen psychological approach that is typical of the Classicist School.

Edith Rusconi Kaltovich
Lawrenceville, New Jersey USA

Para concluir, Los *Cinco Elementos* parece contener una reflexión amarga de la ineficiencia de la vida, lo inevitable del destino y la falta de comunicación entre los hombres.

Esta obra refleja una vena de la Paz, las tonalidades son finas y como la ventisca, nos habla de las más duras condiciones de la vida de algunos.

Edith Rusconi Kaltovich
Lawrenceville, New Jersey USA

PREFACE

A long poem on Five Elements — this has been my dream all these fifty years.

Water — I gave to the poetry world, three years ago. And in it, I poured out all I encountered in my travels to several countries. During my sojourn in this epic, I felt I was growing, waning and dreaming with River *Kaveri*, on whose banks I was born and in whose musical mystical depths I revelled. And when evening blazed red in the west, I remember my stretching full on the river bed and the waters slowly, gaily flow over me and whispering into my ears all the music of the ages.

Wind — I view with horror. Tamid Nad — my native state—becomes a home of untold agonies and horrors. The winds in comradeship with floods would sweep over my state—sowing death and despair. And this periodic destruction rouse my verse to fret and fume. And my agonised stay in Manila Airport for a whole day still remains green in my memory. A typhoon was lashing Philippines and I stayed a helpless spectator. Winds lash their fury but in their chastened quietude in *Life*. And this yielded *Wind*.

Fire was never my dread. I remember a big fire enveloping a big mansion when I was five years old. I remember myself and my dear mother enveloped in flames and even now I remember how my mother fought with flames to keep me off their licking. Now after sixty four years, I wrote *Ageless Fires* — recreating my past tremors.

With *Void* — this epic of Five Elements comes a full circle.

Personally I feel that the language we use today is absolutely insufficient to carry in full fidelity our fountaining thoughts. Rimband fled the same agony, a hundred years ago. Rimband visioned Poetry as a magical means to discover the Unknown Poetic illuminations, a metamorphosed language fusing the real with the unreal, transcend all dimensions of Time. Vitality of inward discoveries alone will reveal a Universe of meanigful visions.

A poet of Reality feels the agony of expressing himself, like a musician who goes to the very source of tune he is singing, enlarging nuances. Methods may be different but what matters is the grandeur of the final project.

To me Poetry is a search after the Ultimate Real—a magic incantation, a celebration, an exploration.

1st September 1981.   — KRISHNA SRINIVAS.

PREFACIO

Un poema largo sobre los *Cinco Elementos* ha sido mi sueño durante estos cincuenta años .

Agua—Hacen cincuenta años que me entregué al mundo de la poesía y en ella volqué todo lo que tropecé en mis viajes por varios países. Durante mi permanencia en esta épica, sentía que crecía y decrecía, soñaba que el río *Kaveri,* en cuyas márgenes nací y gozé de las profundidades místicas musicales. Durante el atardecer rojo resplandeciente del oeste, recuerdo cuando me estrechaba en el cauce del río y las aguas lentas alegremente corrían sobre mi y susurraban la música de todos los siglos en mis oídos.

Viento— Contemplé con horror a Tamil Nad, mi provincia natal— volverse el hogar de incontables agonías y horrores. El viento encaramado con las inundaciones barrían mi provincia sembrando la muerte y la desesperación. Este período de destrucción elevó mi verso con la paciencia e inspiración. Mi agonizante estadía en el aeropuerto de Manila todo un día aún permanece vívido en mi memoria. Un tifón fatigaba Las Filipinas y permanecí como un espectador incapacitado. Los vientos latigueaban con furia, pero purificaban la quietud de la vida. Cedí al *Viento.*

Fuego—El fuego nunca fue mi terror. Recuerdo aún el gran fuego rodeando una gran mansión cuando tenía cinco años. Recuerdo a mi madre y a mí mismo rodeado de llamas y como ella luchaba con las llamas para resguardarme de sus lambidas. Ahora después de sesenta y cuatro años, escribo *Los Fuegos Eternos*— recreando mis temores pasados.

Vacío (Infinito)—Con el vacío la épica de los *Cinco Elementos* llega a un círculo completo. Personalmente, siento que el idioma que usamos hoy carece la total fidelidad de nuestros pensamientos originales. La visión de *Rimbau* de la Poesía es como un medio mágico para descubrir lo desconocido. Iluminaciones poéticas, un lenguaje metamórfico fundiendo lo real con lo irreal, transcendiendo todas la dimensiones del *Tiempo.* La vitalidad interior descubre que solo revelará un universo de visiones significativas.

El poeta de la realidad siente la agonía de expresarse a sí mismo, como el músico que va a la misma fuente de entonación que canta, aumentando variaciones pueden ser diferentes pero lo que interesa es la grandeza del proyecto final. Para mí, *Poesía* es la búsqueda después de la realidad última—Un encantamiento mágico, una celebración, una exploración.

Krisna Srinivas
Primero de Septiembre de 1981

WATER

A river is born
in the birth pangs of elemental furies –
thunders screaming ecstasies,
lightnings sweating streams of blaze,
clouds caressing creation's Os,
delirium seeding dark dark
irrevocably dark inane.

The mighty Atom broke
unleashing
million billion trillion fleets,
and argosies of ravished *Space* . . .

The mighty, monumental *Void*
mothering universes and galaxies
scissored asunder
spreads its light tentacles
lipping and wombing fractured afars –

Light chiselling eyes of worlds
Sound carving noses in nebulae
Touch bubbling rinds in skies
Taste pleasing mouths in earth

Planets nine weaving seasons,
years, acons and wheeling *Flux*
where centred lies still earth –
its lavas skinned, its flames
flowering icy Everests –
its floods veining Ganga, Krishna, Kaveri,
avalanching Brahmaputra,
Yangtse, Congo, Colorado,
Thames, Hudson, Mississippi,
furied Nile and amazing Amazon.

I dream with the River –
its great birth,
its snaking through plains and pangs,
griefs and clash of depths,
its whirlpool immolations and menstruations.

I cry with the River
I grow with the River
I frolic with the River
I age with the River
I regenerate with the River.

EL AGUA

Nace el río de la furia rugiente del trueno
en el éxtasis que el resplandor destila el rayo
cuando suaves nubes rozan la creación de Os(1)
y desvaríos se siembran en el oscuro infinito.

El átomo poderoso rompe las soltadas flotas
de millones, billones, trillones de cargas valiosas
y universos, constelaciones cortan de un pedazo
lo que fue morada en el encanto del espacio.

Tentáculos livianos se despliegan en el Vacío
Fracturada, hablan e intimidan su ausencia
mientras los ojos del mundo cincelan la corteza
que tocaba la tierra con placeres en boca embriagada.

Se labran obras en las narices nebulosas.
Se tejen años y nueve estaciones en planetas
eones y la rueda del Vacío infinito centraba la tierra.

Vistiendo el helado *Everest* con lavas desnudas.
Tus crecientes vetean la tierra como lo hace el *Ganges,
Krisna, Cauveris, Brahmaputra* se avalanchan
junto al Yang, Tse Kiang o Río Azul , al Congo,
al Támesis, al Colorado, al Hudson, al Nilo,
al Mississipi y con el Amazonas al mundo asombran.

En mi sueño veía al río desde su nacimiento
serpentear llanos, cultivos y las profundidades
entrechocaba donde sacrificios inmolados llevaban
las penas que en su flujo corrían.

Lloro como el río,
Crezco como el río
Retozo como el río
Avejento como el río
Regenero como el río.

I am one in a six hundred million –
one who won a holocaust of ejections,
of ejections of spermy wars,
fuming and bombing a clefted cliff . . .
juicy delirium
and I skate on slippery slopes –
a capsuled fossil balleting.

Ten score and seventy days
I lay musing
on past sojourns in worlds forlorn.

I remember my *Pilgrimage*
down the corridors of fractured stars,
promenading algebraic heavens,
scaling skies, shearing seas
and scuttling air –
serpentine animalic humanic . . .
million eyes, million ears, million years.

I lived a Rama : I lived a Krishna :
I spermed flames : I wombed whirlpools :
I lived lives multitudinous.

I cried and cried and cried
Over bleeding conscience crushed :
I weep with Cleopatra
I weep with Cordelia
I weep with Leila-Majnu
I weep with Romeo-Juliet
I weep Desdemona
I shed streams of tears,
rivers of tears, oceans of tears,
Over extinctions of mute millions.

Voodoos, Hindus, Messiah Multitudes
Prophets of Egypt,
Sages of China, Seers of Bharath
silintly slip into solitary temples
question His Everlasting Abode –
question the rigmarole
question the rampage of furied few
question the rape of might on right –
masquerading mammons
leeching muscled masses.

The furnace in space
feeing fuel for suns and moons
writes alphabets inchoate,
splashes cubic vignettes
on canvassed heavens –

Soy uno de los seiscientos millones
que ganó el holocausto de evacuaciones,
y cuando la guerra sembró expulsiones
entre el humo, el bombardeo, refugié ni delirio
y puse mi cápsula fósil en apretado risco
de una resbalada loma.

Así pasé diez ventenes y setenta días
meditando mis permanencias pasadas.

Recuerdo mi peregrinación bajo las estrellas
que paseaban por el firmamento como centellas.
Escalé los cielos y trasquilé los mares
y como animal humano barrené los aires
con millones de ojos, con millones de oídos
y millones de años.

Viví en *Rama*. (2)Viví en *Krisna*. (3)
Sementé llamas, intimidé remolinos,
viví vidas multitudinarias.

Lloré y lloré y lloré
y a la sangrienta conciencia me doblegué.
Lloro junto a *Cleopatra*, a *Cordelia*,
a *Leila Majnu* y a *Desdémona*.
Las lágrimas eran corrientes que se derramaban
en ríos en lágrimas, en océanos de lágrimas
que mojaban la extinción de millones
privados del uso de las palabras.

Fui testigo de las multitudes *vudúes, indostánicas,
mesiánicas, profetas egipcios, sabios chinos videntes
hindúes* deslizándose silenciosamente por los templos
solitarios inquiriendo acerca de la morada eterna,
de galimatías, de la inquietud de curiosos,
de las violaciones de los poderes
al disfrazar dioses con riquezas
para lixiviar las muchedumbres fortificadas.

Como la caldera espacial daba energía a soles y lunas
escribía alfabetos incoativos, salpicaba viñetas
en el lienzo de los cielos con histeria cenética,
la oscuridad grababa la radiante aurora en el agua,

its kinetics always in hysterics
its dark radiance etching dawns
its ebony shades erasing dusks –
mixes present with past
and morrow's morrow
with tomorrow and tomorrow.

This is full
That is full
From full, Full fulfils Full
When full, from fulfil leaves
full fully FULL remains.

Nothing is lost
Nothing is gained
Nothing is new
Nothing you.
All numbers peripheral
All desires sepulchral
All urges seminal
All wrestles orchestral
All visions phenomenal . . .

Extreme is everywhere
every heave every eve
every every leave
every DNA every RNA . . .

The divine humanned
and earth divined –
a spiralling pyramid . . .
Cocooned, cactus, sweating shades
Seven lights capsuled
in seven awakened Centres . . .
incesting . . .
The floor is neat
The lamp is clean
The oil is up to the brim :
Master ! Where is light ?

    In passion I am born
    In passion I live
    In passion I perish
    So too, you,
    My Kaveri !
    Eerie whispers waters chant
    water water everywhere
    At Kaveri ghats
    sages and saints chant their beads
    and lisp a million OM :
    growing million fires
    char million desires.

la abanacea sombra borraba los atardeceres,
y mezclaba el presente con el pasado,
y a los días que le siguen con el de hoy
con los de mañana.

Éste y aquél está lleno.
De lo lleno, el lleno se colma de lleno
cuando el lleno deja cumplir y permanece lleno.

Nada se pierde, se gana, es nuevo o es tuyo.
Todos los números perfilares, los deseos escondidos.
Todos los impulsos elementales se esfuerzan
instrumentalmente en visiones fenomenales.

De extremo a extremo
lo que sube, baja alternativamente
de lo que entra sale cada DNA con RNA*

La divinidad se humaniza y la tierra se diviniza,
una pirámide circulante, encapillada, espinosa,
el árbitro suda en las siete luces encerradas
de una cápsula formada, despierta en siete centros
e incesto unida al piso limpio
la lámpara preparada con aceite hasta el borde.
¡Señor! ¿Dónde está la luz?

Nazco de la pasión, vivo y pereceré en ella.
Tu harás lo mismo río Cauvery.
Tus aguas impotentes cantan en mi oído
agua…agua…por doquiera.
los jejenes, salvia y santos cantan en sus burbujas,
balbucean millones de omenes
y creces con millones de fuegos
para carbonizar los millones de deseos.

But its floods rush rivulets
of filth and mire
petrified blood, segregated limbs
and strangled babes –
born of perfidy and skin kinetics.
and Kaveri takes
rapes of all makes and fakes.

The river bridges
birth and death
womb and tomb
dust and bloom
and whispers esoteric bonds
of reunion in semenic reveries –
cantos epics historiums
fuming foams
giant whirlpools
peripherying souls
battling their way
to the *Still Centre* –

But the Centre is not still . . .
it hungers turbulence
giddy gyrations
mirage morrows
citadels of anguish
and to reach is

Nirvana . . .
Nirvana alone –

A Buddha
visioning deliverance
in Yasodhara's flesh . . .
A Christ
enduring Cross to reach Afar . . .

A Muhammed in Mecca
surrending all . . .

A Shankara
dark with light . . .

A Ramanuja
preaching Prapathi
to reach His Lotus Feet . . .

A Madhwa
Krishna-glued

Tus crecidas desbordan más ríos
cuya inmundicia y lodo
petrifican la sangre, separan los miembros
y a criaturas estrangulas.
Tus aguas nacen de la perfidia y la piel cinética
y lleva toda clase de violencias y farsas.

Tu haces de puente entre al nacimiento y la muerte,
la madre y la tumba, el polvo y la florescencia,
murmuras en lagos isotermos la reunión
de ensueños semánticos.
Tus cantos son epopeya e historia exhalando espumas
y gigantes remolinos cuyas circundantes almas
luchan en su camino por la quietud del centro.

Pero el centro no se aquieta, tiene hambre de turbulencias
y en vueltas vertiginosas, engañosas, ilusionadas
en ciudades de angustia y en esa mañana se encuentra
con Nirvana… sólo con *Nirvana*.(5)

Las aguas ven a un *Buda*(6) visionar la salvación
en la carne de *Yasodhara,* (7) a un *Cristo*(8)
sufriendo en la cruz para alcanzar una salvación, a
un *Mahoma*(9) renunciar a todo en la Meca, a un
Sankara(10) ennegreciendo en la luz,
a un *Rama*(11) predicar *Prapathi* (12) para alcanzar
el nenúfar a los pies del *Buda,* a un *Madhwa*(13)
pegándose a un *Krisna,* a un *Auribundo*(14)
empapado en el llamado

And Aurobindo
drenched in calls of Infinite
drinks the honey under the rock
where Seven Agnis lie in state,
burn human into Divine
and divine Elementine.

Krishna my body,
River my blood,
Father and mother the sacred banks –
I sail water deep
in quest of isle to rest awhile :
homing stars and suns within,
caverned fires niched as kith and kin.

We ebbed and flowed
seeded worlds
seeded firmanents
oceaned endless lights
endless nebulaes
far   far
shoreless afars –

One Orgasm,
        a flowering universe :
One budding,
        an ageless babe :
One blurr,
        a roaring deluge.

        Lord of Seven Hills !
        You stand naked
        stripped of emerald lure
        and gemmed blare –
        Your face shorn of furied sheen.

        I rub your cheeks
        and suck your lips –
        my being
        drowned in depths –
        Flesh sewn
        nerves knit
        limbs lost in rinds.

        Seven Hills
        I crossed
        to meet Me
        in You
        and You
        in Me –
        vestiges vortexed :
        still centered.

de la Nada y bebe la miel bajo la roca de los Siete Fuegos
que sacrifica humanos en ceremonia divina.

Krisna está en mi cuerpo pero no en mi sangre,
mi padre y mi madre son tus sagradas orillas
y zarpando en tus profundas aguas
busco la isla del descanso
mientras las estrellas y soles son mis moradas
y gobierno los fuegos en tus cavidades
como parientes y amigos.

Tú y yo decaemos y fluimos en mundos sembrados,
en firmamentos sembrados con luces interminables,
en océanos que se alejan, que se alejan ilimitados.

Un orgasmo en el universo en flor,
un capullo es una criatura sin vejez,
un borrón es el diluvio inmenso de este poema.

Como el Dios de las Siete Montañas
te elevas desnudo, de tentación despojada
para lucir la trompeta enjoyada de esmeraldas
que el resplandor luce en tu faz rapada.

Froto mis mejillas y embebo mis labios
todo mi ser se ahoga en tus profundidades,
mi carne se une a los nervios entretejidos
de los miembros que mueren a tu orilla.

Cruzo las Siete Montañas para encontrarme contigo
y tu conmigo te conservas en el centro del remolino.
Te inquietas y quieres libertarme,

The river in me
frets to be free
the bonded banks
and joy in breaks and freaks.

My passions mellowed,
my turbulence quenched,
I push my frontiers
to mobile boundaries
ageing to fixities,
but the blood in nerves
makes violent jerks
seeking pastures new
in the chosen few
and mind chastened
and body quieted
my thoughts rise up and glide
and eagled-eyed alight and guide
my throbbing grip on mellow dip –
a mute nocturnal dive
through rosy juicy sieve –

    no wrestle
    no fevered haste :
    a noiseless slip
    and timed whip
    in tissued track
    until quailed
    to quietude
    of tasted calm.

    This reunion
    of star-crossed men
    and chosen women
    history reveals
    in vast expanse
    of epic past.

Passion never dies :
If passion dies
there is no poetry
no rhapsody
no hysterics
of kinetics –

all mute
all dark
all still . . . .

Passion in every wave
aesthetic

tus adheridas orillas se alegran
al verme quebrarme y vareteándome en tus aguas.

Mi pasión se madura, mi turbulencia se calma.
Empujo las fronteras a limites movibles.
Avejento en firmeza pero la sangre en mis venas
se violenta y da sacudidas al buscar
nuevos campos y me encuentro entre los elegidos.
Con la mente purificada y el cuerpo aquietado
elevas el pensamiento que brilla
como el ligero ojo del águila y me guías
a tomar el descenso palpitante
en una dulce zambullida nocturna
a través del tamiz rosado jugoso de las aguas.

No hay lucha, no te apuras afiebrado
y en la velocidad silenciosa el látigo del tiempo
entreteje la huella que se descorazona
en el sosiego y entonces saboreo tu calma.

Esta reunión encrucijada de hombres y mujeres
elegidos revelan la historia de la epopeya pasada
en esta vasta expansión en que la pasión no muere.

Si la pasión muriese no habría poesía,
rapsodia, ni estetismo cinético.

Todo calla, se obscurece y se aquieta
y la pasión es toda estética, animada, humana,

humanic
animalic
keeps aglow
this ageless flow
of eyes
and ears
of worlds
and universe:

    Suns, moons and stars
    dawns, sunsets
    storms and tempests
    raptured
    and anguished –

    Passion rules
    unseen unfreed unquenched.

River Mother !
Doth great Economy of Creations
Keep perfect equipoise
with grades
in grand extravagance
of Destructions ?

The stars, the suns and moons
go round their beats to tune of Time –
no vagrancies
no vagaries
no truancies
but keep to martial march
from lone unknown
to unknown lone :

But monsoons, tempests, typhoons
Unchartered freaks perpetrate
On unprotesting earth
hosting holocausts
awesome aberrations
tragic travesties and mortuaries.

    Mother Universe !
    When contours of each
    are torn and twisted
    and buried deep
    as debris fossil . . . .
    they burgeon
    as mobile continents.

    Mother Dear !
    Where do escape

que mantiene fulgurante esta corriente sin años
en ojos y oídos del mundo universal.

Soles, lunas, estrellas, amaneceres
puestas de sol, tormentas, tempestades
se embellecen y acongojan la pasión
que gobierna lo invisible sin la libertad inextinguible.

¡Río Madre!
¿Guardas a la gran economía de la Creación
en perfecto equilibrio en grados
cuya extravagancia se convierte en destrucción?

Estrellas, soles, lunas giran alrededor
del latido al son del Tiempo
sin vagancia, caprichos, holgazanerías
guardando la marcha marcial
de tan sólo desconocido
o de un tan desconocido sólo.

Monzones, tempestades, tifones sin títulos
caprichosos, consumen sus delitos
sin protestas terrenales y alberga holocaustos
haciendo terribles errores, trágicas parodias y entierros.

¡Madre Universo!
Cuando los contornos de la tierra se acaben
doblegados a ser enterrados profundamente
en el osario, brotarán corrientes movibles.

¡Madre Querida!
¿Adónde escapan las almas vagabundas

the vagrant souls
leaving caged captivity ?

To far off heavens
to blaze as Immortals
and guide the paths
of eerie watchers
to higher spheres.

Or gyrate
in bottomless inane
to stage
aeonic returns ?

Let all walls crack
Let all roads break
Let all the roses
of heart's desire
ride the swelling floods :
Let all world nations
screen extinction:

Let Yangtses, Kaveris
Amazons and Mississippis
and giant Brahmaputras
be scorched to flaming sands
of Saharas of Africas :

A Laser World
will raise its Phoenix head –
American Incas
Hindu Harappas
Mummied Pharoahs
Peruvian Mochicas
Atlantean Aztecas
Will *Birth* and *Rebirth*
    and march our Earth
    to heavened berth.

    The last breath
    of Homer
    Dante
    Shakespeare
    Goethe
    Tagore
    Eliot
    is not the last
    and never lost :

    They are cast
    in vasty West

al dejar la enjaulada cautividad?

A lo lejos el firmamento resplandece
con los inmortales y guía a los observadores
a las más altas esferas.

¿O gira a teatralizar la vuelta de los eones
del vacío infinito?

Todas las paredes se rasgan
todos los caminos se abren
todas las rosas brotan de los deseos
para montarse en tus hinchadas crecientes.

Junto con todas las naciones del mundo gritas:
Deja que el *Río Azul,* el *Cauveris,* el *Amazonas*
y el *Mississipi* con el gigantesco *Brahmaputra*
carbonicen las arenas quemadas del Sahara.

El *Mundo Láser*
erigirá la cabeza del Fénix—
los Incas americanos
el Hindú Harappas
faraones momificados
Mochicas peruanos
Aztecas atlantes
nacerán y *renacerán*
marcharán por nuestra Tierra
en una litera celestial.

El último soplo
de Homero, de Dante, de Shakespeare
de Goethe, de Tagore, de Eliot
no es el último y nunca se perderá.

Están fundidos en el extendido Oeste

and embryonic East
as catalytic creations
in great Moments
of epic Explosions.

They come as Valmikis
Spanish Nerudas
Jawahars and Roosevelts :

They Ever Return
to charter many a turn
in flow of violent centuries
and lunar victories
and conquer Everests
and tame the fiery Mars
and harvest stars
in azure afars
and grow epics
in human wicks.

Their thought and deed
unextinct
are born
again
and again
and epochs burgeon
with Nobel Epics
Pulitzer Creations
Magsaysay achievements
and Nehru Awards –

While million
billion multitudes
with variegated vicissitudes
go their ways
unknown
unhonored
unwept . . . .
It is the Chosen Few –
many a visiting god
from our Watchful Lord –
who twirl and swirl
the twists and sojourns
of all the centuries
as River coursing earth
rages races
and is *Stilled*
with Cosmic Oceans filled . . .

I DREAM WITH THE RIVER . . .

y en el Este embriológico
como creaciones catalépticas
en los grandes momentos
de las manifestaciones épicas.

Vienen como *Valmikis*
o *Nerudas* hispánicos
Hawahars y *Roosevelts.*

Siempre vuelven a trazar más de una vuelta
en la corriente de los siglos violentos
y de las victorias a la luna
y de las conquistas al Everest
a domar la fiereza de Martes
y a cosechar estrellas en el azul celeste lejano
para producir epopeyas
con antorchas humanas.

Pensamientos y hazañas inextinguibles
nacen una y otra vez en épocas florecientes
con un premio Nobel
o las creaciones Pulitzer
los hechos meritorios de Magsaysay
y los premios Nehru.

Mientras millones, billones
de multitudes con vicisitudes variables
andan por caminos desconocidos
sin honores, sin llantos…
Son los pocos elegidos
de la viña del Señor—
quienes den vueltas rápidas,
giren, se arremolinen en giros
y permanezcan por los siglos
en las corrientes del *Río*
que cruzan la Tierra
y tratan de *apaciguarse* satisfechos
en los Océanos Cósmicos…

Sueño con el río…

WIND

A Bang . . .
Curling dinosaur eerie fury –
galaxies huing inane,
jejune kilns littering,
multitudinous nightmares opening
parlours queer, restless sagas
torn, ubiquitous, vacuous, weird
xeric, yogic, zoic.

I am *Wind*
flaming, rivering firmaments –
my enraged alphabets of thrills,
wombing billion, trillion worlds
in fractured universe
and seeding lights
in dark, dark ebony spheres –
intellect - boned :
Patriarchs with visioned futures:
Pharoahs for prospertiy :
phallic deliriums
nebulae mirage sepulchred.

Scuttling rinds forlorn
my seeping hordes gained realms
in scattered space –
darkness sheared to starry wicks
blue blood hydrous,
mind millioned,
seeking escapade in eyes of wreckage.

I raged galactic years
riding and racing finale ;
gained hold in terra gyrations,
my flesh, nerves and bones
freeze to mineralled numb
and sleep many an acon,
planets galore flight-scheduled.

My Sleep worn out
I fling my eyes and espy
Water, water, water everywhere
and my breast raptured,

EL VIENTO

Un ruido…un ¡pum!…
Como dinosaurio encorvado con furia imponente
matizo constelaciones en el espacio infinito,
extiendo las estériles calderas
y me abro en múltiples pesadillas.
Rompo a través de salas misteriosas
las incansables sagas omnipresentes;
y me vacío en la colérica, yoga y zoica fantasía.

Soy el viento encendido
doy margen a los firmamentos,
intimido alfabetos enfurecidos en emoción,
en billones, trillones de mundos
en este fracturado universo.
Siembro luces en esa oscuridad de obanaceas esferas
intelectos deshuesados
que visionarios patriarcas
en la prosperidad de los faraones
y sepulcro la nebulosa fantasía.

Echo a pique cortezas olvidadas,
gano reinos con mis pasadas hordas,
desparramo en el espacio las oscuridades
cortando los pabilos estrellados
deshidratados de su sangre azul.
Busco escapar con mi amilanada mente
y veo naufragios con los ojos.

Enfurecido por los galácticos años
cabalgo en la carrera final
y gano control de los giros de la tierra.
Mi carne, nervios y huesos
se congelan con el entumecido mineral
y me duermo como un eón
mientras los planetas mantienen su vuelo.

Mi sueño se acaba.
Abro los ojos y espío
agua, agua, agua por todas partes
y mi pecho embelesado

I cut the surging seas to size,
tumble mounts to ocean floors,
and clap my hurricane hands
and unleash kennelled thunders,
and tap from deeps roaring volcanoes,
crush the mountain peaks
and crash their limbs in seas
and raise ocean depths
to Everest–Fuji–Alpine Peaks –
antediluvian metamorphosis.

I sheared the earth to continents six :
the hug of India in Africa :
Himalays as ocean Vast
and Lemuria slahed to myriad climes
and planted sea in Kanyakumari
and Everest raised with Ganga floods
and Africa hewed with wealth of earth,
dark with mines and opulence

And I blew Sahara sands to Pharoah heights
–an orchestra of sands
Singing tunes and fortunes won
and many a treasure none can measure.

Many a sea you now see
Were pinnacles shearing blued inane
hurdling peaks and scissoring slopes
in white ire of frozen fires
and in their icy caves
denizens of ashen air
chanted gloried histories
and lisped the scripts of epical minds
from shattered Mars, tattered Mercuries,
Venus vandalled, Jupiter volcanoed.

They rehearsed violent exits
and quietened existences
in seas of hyaline highs
and laughters hurled –
and clapped their icy palms.
On swelling tides
that ride all hemispheres,
polared norths and souths
and easts and wests –
a riot of glee in spree.

corta la oleada medida por los mares,
que tumbo a montones en los pisos oceánicos.
Aplaudo con las manos de huracán,
desato los truenos enjaulados,
golpeo las profundidades volcánicas rugientes,
piso los picos de las montañas,
rompo las manos y piernas de los mares
y levanto profundidades oceánicas
hasta la cima del *Everest*, del *Fusi Yama*,
los *Picos Alpinos* en una metamorfosis antidiluviana.

Trasquilo la tierra en los seis continentes
abrazo la *India,* el *Africa,*
los *Himalayas* y el vasto océano
y doy latigazos a indeterminado número de *Lémures*
planto un mar en *Kanyakumari* .(15)
Elevo la creciente del *Ganges* al *Everest*
y debato al *Africa* con las riquezas y la opulencia.

Soplo las arenas del Sahara a las alturas de un faraón
-en esta orquesta de arenas canto tonos
y fortunas ganadas en los muchos tesoros desmedidos.

Muchos mares que ahora veo fueron ápices trasquilados
del azul infinito que soltaban picos y cortaban lomas
con la blanca ira de fuegos congelados.
Empujaba a las heladas cuevas habitantes
del aire ceniciento que cantaron gloriosas historias,
mentes épicas balancearon las escrituras
que se escribieron de un Marte destrozado,
de un Mercurio andrajoso, del Venus vandalizado
y de un Júpiter vulcanizado.

Me recreo por las salidas violentas
y calladas existencias de los mares
de alto hialino y risas lanzadas
haciendo ruido con las palmas de las manos heladas.
Monto todas las mareas hinchadas
de los hemisferios polarizados
del norte al sur, del este al oeste
y en este motín de alegría salgo de parranda.

I, Wild Wind,
fiercest of the fiercest,
fastest of the fastest,
cruelest of the cruelest –
despair, devastation, death
writ in my blood,
unleashing storms, tempests, typhoons
that churn destruction grim
and walk lands, nations and continents –
swoon to rhythmic exits and entrances
in billion trillion men women
birds and beasts
and their flesh and bones sustained
with periodic breaths, cradle to grave.

This tale of entry epics speak
in man, mammal and aqua lives,
in fire, water, earth and void –
a tale old in repetition
new in rhapsody, dual in beginning
union in fusing and trinity in emerging.

A Spark burgeons
to blom as Saint
to shine as Bard
to flame as Anarchist :
to play many a change
and Breath, while berthed in mortal coil
a voyage guides and getting in
may peal a Win
but once – drained out –
re-entry is never a guarantee –
success an up and fall a slip :
flight a dream and dive an err
and life a knife

Breath is soul of Air :
Breath is life of Fire :
Breath is wrath of Water :
Breath is wound of Earth :
Breath is birth of Void.

So Krishna said: 'What you think
while breathing last you sure become.'

Soy el viento salvaje, el más feroz de los feroces
el más rápido de los veloces
el más cruel de los crueles
y escribo con mi sangre desesperación.
devastación y muerte.
Desato tormentas, tempestades, tifones
que la destrucción suaviza en una mueca.
Camino por la tierra, sus naciones y continentes
desvanezco con la entrada y salida rítmica
de billones, trillones de hombres y mujeres,
que respirándose periódicamente
los llevo desde la cuna a la tumba.

La historia de la introducción de los épicos
hablan del hombre, del mamífero y del acuático
viven en el fuego, en el agua, en la tierra, en el vacío
se repite la historia antigua
en una rapsodia nueva, y se funden
en unión dual y emerge la trinidad.

Una chispa burguesa florece como un santo
al brillar como un bardo
en la llama de un anarquista
para jugar muchos cambios
en el soplo apacible del aire
mientras se encaminan en rollo mortal
guía de un viaje y al entrar
puede explicar que gana
pero a la vez, se escurre
y al querer volver a entrar no hay garantía,
puede ser un éxito y si cae resbalando,
vuela en su sueño y cae en un error
y la vida es un filo de cuchillo.

Soy el soplo del alma del aire:
Soy el soplo de la vida del fuego:
Soy el soplo en la ira del agua:
Soy el soplo en la tierra herida:
Soy el soplo en el nacimiento de la Nada.

"Lo que piensas cuando soplas
más seguro te vuelves," así lo dijo *Krisna*.

But who does heed
the Lord's Word and Deed ?
The last Breath in human berth
must chant the death of desires dire –
cravings, aspirations and hungerings.

So in burial ghat, the Son chants,
setting fire to breathless frame :
O Soul ! Now freed,
You are not the body you lived :
You are not the mind you moved.

You are Fire of Fires, Water of Waters,
Air of Airs, Earth of Earths, Void of Voids :
Fire cannot burn you,
nor water wet you,
nor earth move you,
nor void take you.

You are not These :
You are not life, you are not death,
You are not gain, you are not loss,
You are not fall, ... Neti ... Neti ... Neti ...

Each Soul chants
Ham ... Saha ... I Am That ...
from cradle to grave,
awake or asleep and these tellings ;
enebriating enchantments –
man, bird, beast ever lisp
everlasting to everlasting.

Each Soul is an enchantment –
A *Mantra* –
murmuring enless times
its own sole lisp
each lisp perforating silence of soul,
each alphabet stripped naked
sink through scuttled heart
and mansions rise
in past – present – future climes
Catalysing.

Pero ¿quién escucha la palabra de Dios y su escritura ?
Soy el último soplo en la cabina humana
que canta hasta la muerte, los deseos,
las aspiraciones y las penurias.

Así en la cadavérica palidez, el Hijo canta,
prendiendo fuego hasta el margen sin aliento.
¡Oh Alma! Ahora libre,
no estás sola en el cuerpo que viviste
no estás sola en la mente que te movías.

Tú eres el fuego de los fuegos, el agua de las aguas
el aire de los aires, la tierra de las tierras, el vacío de
los vacíos.
El fuego no puede quemarte,
el agua no puede mojarte,
la tierra no puede moverte
ni al vacío te lleva.

Tú no eres ninguno de éstos,
tú no eres vida, no estás muerto
tú no has ganado ni perdido
no es tu caída …Neti…Neti…Neti.

Toda el alma canta
Ham…Saha… Soy Aquel…
desde la cuna hasta la tumba,
despierto o duermo y estas historias
de encantos embriagados,
hombre, pájaro, bestia que siempre balbuceo
desde la eternidad hasta la eternidad.

Toda alma es un encanto,
un mantra
que murmura infinita veces
su propio y único balbuceo
que cada balbuceo perfora el silencio del alma
cada alfabeto deja desnudo
se hunde a través del corazón atrapado
y mansiones se levantan en climas
del pasado, presente y futuro
catalizadores.

Athmana ... Athmane ...
no help, no aid, no cheer, no smile
Your Soul must lift your Soul alone.
Each Soul is muscled might
must chart its flight –
must go its way to heights or depths
with strength or falterings.

In Sahara sands, in Everest peaks,
in Fuji highs, in Andes Tops
each to each a *mantra* chant
echoing and re-echoing
their fabled past that ages burst.

The whale in oceaned deeps,
the birds in sanctuaries,
the mammals in cage,
and beasts in jungled retreats
chant the beads of their own deeds
and deliverance reach,
a heaven of their own.

Each crave, each try,
Each urge, heaven or hell ever raise
and Breath feeding them to brim
Perfections preach.

The Soul, rarest of earthly breeds
can crush the Universe
and create worlds of Power and Blaze
Since it is *One* with *Secondless One* –
a cosmic Participant :

Fish in water never thirst :
sperms in flames never burn :
Heaven is unioned birth with Birth,
Death a door, darness deeped,
another Hope edened.

In flights from lone to lone
in impassioned contemplations
the Chosen Souls have elsewhere their setting,
beyond the hues of Dusk,
beyond the shores of Light,
behond the peaks of ears –
and rest in Worlds beyond our reach.

Athamana...Athmane...
Sin ayuda, sin subsidio, sin victoreo, sin sonrisas
tu alma debe erigirse sólo a tu alma.
Toda alma con poder muscular
Hace el mapa de su vuelo,
debe ir por su camino en las alturas y profundidades
con fuerza o vacilaciones.

En las arenas del Sahara, en el pico *Everest,*
en las alturas de *Fusi-Yama,* en la cima de *Los Andes*
uno por uno canta a *mantra*
con ecos y repeticiones
de los sucesos ficticios del pasado.

La ballena en las profundidades oceánicas,
los pájaros en los santuarios,
los mamíferos en jaulas,
bestias en los refugios de la jungla
cantan en las cuentas sus hechos
y terminan por entregarse
a su propio cielo.

Cada antojo, cada prueba,
cada impulso, ya sea al cielo o al infierno alaba
y los alienta hasta saciarlos
con sermones perfectos.

El alma, la más rara creación terrestre
puede romper el universo
y crear mundos de poder y hogueras
desde que es *uno* con sin *uno secundario*
un participante cósmico.

El pez no tiene sed en el agua,
Las espermas no se queman en las llamas.
El cielo se une al nacimiento al *nacer,*
la muerte es una puerta a la más profunda oscuridad
otra esperanza del paraíso.

Las almas elegidas tienen otro lugar
en vuelos de soledad a la soledad
en contemplaciones sin pasión
a través de los tonos del oscurecer,
a través de las playas con luz,
a través del pabellón de las orejas,
descansa en mundos más allá de nuestro alcance.

Compassion-stung
they send a Vyasa and a Valmiki,
a Jesus and a Muhammad,
a Lao-tse, a flamed Moses,
Homers and Platos,
a Zarathustra with Ahura-Mazda,
a Buddha in Nirvana,
Sufis, Shankaras, Ramanujas,
Vivekanandas and Ramanas.

The birth of Hope, all passions quelled :
the Dawn of Philosophy
where men are men
and women, women :
in East or West a Rational –
Vedaed, Bibled, and Koranned –
shall flash a New Heaven . . .
Good thoughts
Good deeds
Good everything
heaven the human –
Yang and Yin made one
and God humanned –
Night of sense lulled and pured.

God pervades all we see
God pervades all we touch, taste and smell
In all that Is ... in all that was ...
In all that will be
HE pervades for us all to feel !

He our Hope
He our Guide
age to age
the worlds sustain, –
the world of life,
the world of breaths
and desires wide
and world of wee births
and world of wee exits –
He our sole Refuge.

The world is His : our Soul is His :
Our wife, our child, our home is His :
He our Lord, our sole Solace,

El aguijón de la compasión
se envía a *Vyasa* y a *Valmiki*,
a *Jesús* y a *Mahoma*,
a *Lao-tse* al ardiente *Moisés*,
a *Homero* y a *Plato*,
a *Zarathrusta* con *Ahura-Mazda*,
a *Vivekananda* y *Ramana*.

La esperanza nace, todas las pasiones se mitigan
el amanecer de la filosofía
desde que los hombres son hombres
y mujeres, mujeres,
en el este y el oeste un racional
Veda, Biblia, Koran,
encenderán un nuevo cielo...
buenos pensamientos
buenos hechos
todo lo bueno celestial humano
Yang y *Yin* hechos uno
y Dios humanizado,
en una noche arrulladora y pura.

¡*Dios* llena todo lo que vemos
Dios llena todo lo que tenemos, probamos y olemos
en todo lo que Es...en todo lo que fue...
en todo lo que será
¡Él nos llena a todos con el sentir!

Él es nuestra esperanza, nuestra guía
de edad en edad
sostiene los mundos,
el mundo de la vida,
el mundo de los hálitos y deseos grandes
el mundo de los éxitos pequeños
sólo es nuestro refugio.

El mundo es Suyo, el alma es Suya
nuestra esposa, niños, hogar es Suyo
nuestro Señor, sólo solaz

He our everything :
Then why envy mine when All is His?

The last in all mobiles
is not the Last :
its habitation a dream,
a recurring tale,
a catalytic mirage –
stay-ins and stay-outs.

This house of flesh
home a Spark with a shade –
a shade misnamed soul
is shadowed haze –
no whys, no hows, no whats, no whens –
shadows incesting.

I, Wind,
gather and pile all breaths,
file by file in storeyed Void
and their sojourns through Fires Five –
prologued and epilogued,
I chart their exits and extinctions –

Yes, I extinguish their flames
petalled *Blazes* siving galactic Beyonds –
freed Watchers from Afar.
The rest I bind in worldly grind –
a medley of reverie, dreams, guesses,
myths, visions and ecstasies –
flames from waves, winds from rinds
eyes in gales, breaths in rocks,
lips in fires, ears in skies,
lights in tombs, babes in wombs.

Earth's breaths nighted,
time's heartbeats giddied,
air hyalined,– flesh hydraed aches for mate –
arms athrob, blood ablaze, veins fevered
athirst of rhapsody
but she remains alabastrine –
a quieted volcano –
her visage an ashen flame,
her limbs seasoned to frenzy
and turbulence and glossed to calm :

nuestro todo
entonces ¿por qué me envidia si Todo es Suyo?

Lo último de las cosas movibles
no es el último,
su morada un sueño,
una historia vuelve a ocurrir,
el milagro catalítico
ni entra ni sale.

Esta casa de carne
alberga la chispa con una sombra,
una sombra del alma con nombre equivocado
no por qués, no cómos, no qués, no cuándos
en sombras del pecado carnal.

Soy el viento,
junto y apilo todos los soplos,
archivo tras archivo en el registro de la Nada
las moradas a través de los Cinco Fuegos—
prólogo y epílogo
una carta de entradas y salidas extintas.

Así apago las llamas,
pétalos de llamas cierran las galácticas del más allá,
doy libertad a los observadores de la distancia.
El resto lo encuaderno con el polvo mundano.
mezclo ensueños, adivinanzas,
mitos, visiones y extasíes,
oigo el llamado de las olas, el borde del viento,
los ventarrones veo y en las rocas soy soplo,
pongo los labios en el fuego y los oídos en los cielos
luces en las tumbas, criaturas en los vientres.

Los hálitos nocturnos de la tierra,
los vertiginosos latidos del tiempo,
el aire hialino, — la carne hidratada que sufre
por mi compañero —los brazos protectores,
la sangra ardiente, las venas afiebradas
sedientas de rapsodias
las mantengo en el alabastro elucido.
Un volcán aquietado con la visión ceniza de la llama,
y mis miembros sazonados al frenesí,
a la turbulencia barnizan a la calma,

a live limb orchestra
and Time stands still.

The birth of a babe
is not a freak,
not an accident,
no travesty of creation
but architected act :
a distillation of many a past event,
an emergence of phoenixed excellence –
a raptured union –
Culled, winnowed, seeded
of twin breaths in merge
of past, present and becoming.

Life here is just to listen
to Voices rich of chosen Greats –
voices rich in achivement of yogic sweep –
seven centres heavened and mind illumined.

The gifted Few
bearing in germ all the wealth
of penaced past and all fruits of acts –
abnegation, sacrifice, self-extinction
but soul ever effulgent.
These vibrate
and waves of eddies an aura build :
wee lights winking at the brim,
they scale glassy slopes
and reach a lea–a litany.

This frame flamed,
Kith and Kin beating retreat –
heavy steps fading in the distance –
the *Breath* a shimmering micro
ruminates its past dwellings and settings,
its pastness and vastness.

Sudden grown macrocosmic
it scales all Universe –
never setting, never ceasing,
sun mooning, moon airing, air birthing sun.

son una orquesta viviente
y mantengo en quietud al tiempo.

El nacimiento de un niño
no es una rareza, no es un accidente,
no es parodia de la creación
pero un acto arquitectónico,
es un hecho de la destilación de muchos,
una emergencia a la excelencia del Fénix—
una unión de embeleso—
escogida, aventada, sembrada
como hálitos gemelos que surgen
del pasado, del presente o el venidero.

La vida aquí es solo oír
las ricas voces de los Grandes elegidos—
ricas voces en los progresos de la barrida yoga—
de los siete centros celestiales de la mente iluminada.

Los pocos de talento llevan el germen
de toda la riqueza de las culpas pasadas—
y todos los frutos de abnegación,
sacrificio, la extinción propia
pero con el alma siempre resplandeciente.
Estas vibran en las ondas de los remansos;
se edifican en una aura,
en las pequeñas luces que centellean
escalando lomas vidriosas
y llegan a la pradera— en una letanía.

En este marco encendido,
los pesados pasos de mis antepasados parientes
y amigos solitarios desaparecen en la distancia—
el soplo suave en el resplandor micro
reflexiona sobre las moradas pasadas,
en el inmenso, interminable ocaso.

El rápido crecimiento macro cósmico
escala todo el universo—
nunca se acuesta, nunca deja de cesar,
el sol, la luna iluminada y airosa,
a la salida del sol.

Breath is mirrored Reality –
gross dark refractory –
its pristine beginning
the highest yet known,
its forms just reflections and radiations.

It is Dualled Absolute –
earthly frame
a vehicle for ascension,
a Chance
graciously given
to gain Super States
and helpful ups.

Breath Cult
omnipotent of all efforts,
seeds Realization
and merging of all Sense wills
with Will of Wills –
jubileed angeled *Reunion*.

Wind is honey of Void :
the Souls
a tabernacle raise
in endless space
and live a gloried life
on plains of Moons,
not the earthly moons we see.

Rhapsodies
Winking at the brim,
orchestral melodies
swinging enchanting tunes
that glow and glow
till all their penanced wealth
a vacuum reach
and tumbled down
to bottomless inane
they hang in mid-heaven
and here the chants

El soplo me refleja la realidad—
en un oscuro, espeso refractario—
y el principio de la belleza prístina
lo más alto aún de conocerse,
forma reflexiones y radiaciones.

Esta dualidad absoluta
del marco terráneo
un vehículo para aseender
a la oportunidad dada en gracias
para ganar los super estados
y ayudar desde arriba.

El soplo del culto omnipotente
de todos los esfuerzos,
son semillas de la realización
y crece a todas las voluntades
de los sentidos
con el poder de los poderes—
celebra una angélica reunión.

Yo, el viento, soy la miel del Vacío.
Levanto un tabernáculo a las almas
en el espacio sin fin
donde viven una vida glorificada
en los llanos de la luna
que no son terrestres.

Las rapsodias hacen centellear
las melodías orquestales
se valancean en tonos encantados
que brillan y brillan
hasta que toda la riqueza penitencial
alcanza el vacío aspirante
y se tambalea al fondo de la nada
se cuelgua en el cielo medio
y aquí los cantos fecundan ofrendas
de los descendientes herederos

and fecund oblations
of pedigreed scions
their life sustain
and initiated
they shower
benefactions invisible
that spell
metamorphosis
and earthly wealth.

All ye Souls !
Pray and pray
to reach our Real Abode –
from Unreal to Real . . .
from Languor to Light . . .
from Extinction to Eternity.

Ye all travel
from Unreal to Real,
tier by tier, rung by rung,
from periphery to Centre,
from lure of flesh to purer thrills.

From Darkness to Light
follow the beckoning Trail
whose flesh and flash
of beaming layers
will burn and char
all languor,
the Light
to illumine
the darkened wastes.

From hounding death
to Eternity flee,
incanting beads
that glow
pure thoughts
pure words
pure deeds
and Eternity reach . . .

sustentan la vida e inician
la lluvia invisible de bendiciones
que deletrean metamorfosis
a la riqueza terrenal.

¡Vosotras, todas las almas!
Oran y oran para alcanzar
la boveda real,
de la irrealidad a la realidad…
de la languidez a la luz…
de la extinción a la realidad.

¡Vosotras, todas las que viajen
de la irrealidad a la realidad
hilera por hilera, peldaño por peldaño
desde la periferia al centro
del engaño de la carne a las más puras
emociones vivas.

Desde la oscuridad a la luz
sigue el sendero reconocido
cuya carne y el centelleo
de las hileras del rayo
se quemen y carbonicen
toda languidez,
la luz ilumine
y oscurezca los desperdicios.

Desde la muerte perseguida
para huir, volar a la eternidad
hila las cuentas encantadas
que brillan en puros pensamientos
en puras palabras, en puros hechos
y alcancen la eternidad…
en el solemne silencio

a solemn Silence
beyond all Being.

Let this mass of human matter,
be burnt to ash . . .
O God !
Beaming as *Om* !
Abode of Ageless Fires !
Remember, Remember
Remember me
and *All* I did :
Remember me
and *All* I did.

al más allá de todo ser.

Deja que esta masa humana
Se queme hasta hacerse cenizas…
¡Oh Dios! ¡Centella como *Om*!
¡Recuerda, recuerda, recuérdame
todo lo que hice, recuérdame
todo lo que hice!

FIRE

Age to age rage
The chaliced frozen Fires –
flashing a Moses musing :
a Buddha etherised :
a Shankara dark with Light
and Gandhi fleshing flames.

Time's bones
Scuttle Seas forlorn,
Fires in waves
weaving lights
and earth
a Rose Fire
racing through space
blazes . . .
blazes . . .
blazes everywhere . . .
firmaments in flames,
galaxies in fuming fires,
heaven's rinds
breeding ends.

The Universe is a Sacrificial Fire –
Sun, the fuel :
Rays, the smoke :
Day, the flame :
Moon, the coal :
Star, the sparks.
In this burning flux
faiths hoary rubicund
Flush their floods –
Hindu, Hellenic, Latin Litanies

Everlasting to everlasting
The mighty *Still* –
its frills beading galaxies
and firmaments forlorn –

EL FUEGO

Época tras época
el cáliz de los fuegos libres
arde a través de los siglos y siglos.
Un *Moisés* pensativo, un *Buda* etéreo,
un *Sankara* oscuro y un *Ganghi,*
centellean en llamas encarnadas.

Los huesos del tiempo van de prisa
por los mares solitarios,
el fuego teje luces en las olas
y el fuego rosado de la tierra
corre a través del espacio.
Llamas, llamas, llamas por todas partes…
En los firmamentos hay llamas
fuegos humeantes en las constelaciones
fuegos que se engendran
desde el contorno de los cielos
creando fines.

El fuego inmolador es el universo,
el sol es combustible,
los rayos son humo,
el día es la llama,
la luna es la ceniza carbonizada,
las estrellas son las chispas
y en esta fusión inflamable
las religiones rubicundas blanquecinas
emparejan las crecientes
indostánicas y helénicas en letanías.

Lo eterno en la eternidad
en la poderosa quietud
abandona las escaroladas constelaciones
y el firmamento yace,

lies frozen and curled
as babe at breast mercy drunk
timeless, endless

Sleeping aeonic Sleep
this mighty Atom sprouts
legions of light that throb and tear

the silken Vast
and weave nebulaes –
each one, a vagrant Universe,
each flame, a Flower of space,
each sport, a page from the Past,
each sweep, a fount of Far Beyonds.

The *Still* mute and infinite,
its beginnings and ends
lost in irrevocable
dark dark dark
Spiralling depths
spiralling heights
spiralling vasts . . .
and That Dawn
when morn lay moored in east
its birth a Sport –
stars and spheres racing new highs –
but the *High* and *Deep* never reached . . .
This ageless Dance is on
aeon to aeon –
in trillion huges –
a hiero harmony
multi-dimensional –
a psychodelic cameo
dynamic
blazing
eloquence unquelled.

Agni is fire
Agni is breath

se acurruca como un nene
de pecho a beber misericordias
eternas interminables.

Duerme eón, duerme
el poderoso átomo despierta
legiones de luces vibrantes y destrozadas

del sedoso infinito
y se teje en una nebulosa—
cada una es un universo errante,
cada llama es una flor en el espacio,
cada jugada es una página del pasado
cada barrida es una fuente del más allá.

La quietud muda e infinita
comienza y termina perdida
en la irrevocable oscuridad,
oscuridad, oscuridad
volando en profundas espirales,
circulando en las espirales alturas
de la inmensidad.
Cuando amanece
y la mañana yace amarrada al este
nace un tahúr nuevo
de estrellas y esferas
corriendo carreras en nuevas alturas—
pero nunca alcanzan
este baile eterno
que va de un eón a otro eón—
en trillones de colores—
un jeroglífico armonioso
multi dimensional—armonioso
un camaico psicodélico,
dinámito, flamante
sin elocuencia sofocada.

Agni es el fuego
Agni es el aliento

Agni is blaze
Agni is peace
Agni is FIVE
– World Fire
– Cloud Fire
– Earth Fire
– Man Fire
– Woman Fire –
Fire – chant ... and self
creations enact
and passions unleashed ...

In the Beginning,
there was neither being
nor non-being.
No kingdom of earth,
No sky beyond it.
Who struggled ?
What and where ?
Who gave shelter ?
Was water there,
unfathomed depth of water ?

There was no death then,
no
nor non-death :
no sign of stirring :
no curtain of day or night :
Only *One*
Only *One* –
Still looking *Still* –
all radii centred,
Reality homing primitive patterns.

Divine – epitomed human –
petalling windy fires,
tumult in arteries,
tempest in touch –

Agni es llamarada
Agni es paz
Agni son los **cinco.**
—El mundo es el fuego
—La nube es el fuego
—La tierra es el fuego
—El hombre es el fuego
—La mujer es el fuego—
Fuego—canto—yo mismo
son creaciones
desempeñando partes
en las pasiones desatadas.

En un principio
no hay no ser o ni ser.
no hay reino en la tierra
no hay cielo en lo más alto.
¿Quién lucha?
¿Qué y dónde?
¿Quién da refugio?
¿Hubo agua allí
en la profundidad sin fin del agua?

La muerte no existía entonces,
sin la muerte no hay señales de movimiento,
ni el telón del día o de la noche;
sólo **Uno**
sólo **Uno**—
Aún mirando *Aún*
en las ondas de comunicación centradas,
son ejemplos de la realidad
de la primitiva paloma mensajera.

Divino—epítome humano—
el fuego tiene pétalos ventosos,
la agitación en las arterias,
la tempestad en el tacto—

bubbles a Christ
bubbles a Buddha
bubbles a Mahatma
waxing and waning and lost
in debris of histories hacked.

Suns fuelling moons
Moons fuelling greenery
And greenery breeding pedigrees
leap to light
and go their circles . . .
Eternal Circle
Centre
everywhere
and Circumference
nowhere . . .

Eternity is here
in infinite Now,
in illumined Now,
in freeze of Fate,
in death of Hate :
Periphery is universe :
slippery frontiers
rhymic dawns and dusks
cyclic flux boomeranging each to each –
and heart of darkness bled to death
there arise a Phoenix,
born of Sacrifice . . .

Sun, the fuel :
Rays, the smoke :
Day, the flame :
Moon, the coal :
Stars, the spark
and int his Fire
faith is poured
and moons sprout out.

engaña a Cristo
engaña a Buda
engaña a Mahatma
encerando, decayendo y perdido
en la basura de historias hachadas.

Soles dan energía a las lunas
las lunas dan energía al verdugal
y el verdugal crea el linaje
brota a la luz
y va en círculos…
al eterno centro del círculo
en todas partes
y la circunferencia
no está en ninguna parte.

La eternidad está aquí
en el infinito ahora,
en el iluminado ahora,
en el congelado destino,
en la muerte del odio.
La periferia es el universo
de fronteras resbaladizas
con amaneceres y atardeceres rítmicos
y en cada ciclo del bumerán fundente
y en la oscuridad el corazón sangra a muerte
entonces es cuando se levanta el Fénix
y nace el sacrificio.

El sol es el combustible,
los rayos son el humo,
el día es la llama,
la luna es la ceniza carbonizada,
las estrellas son las chispas
y en este fuego
se vuelca la fe
y brotan las lunas.

Cloud is a Sacrificial Fire –
Wind, the fuel :
Mist, the smoke :
Lightning, the flame :
Thunderbolt, the coal :
Hailstones, the spark.
In this fire,
the gods offer moons and rain arises.

All faiths defunct
annihilation grips the air :
Machivellian disasters
racing to Phoenician rise :
Alpha to Omega,
desecrations and recreations :

Each Moment birthing
wind whirlpools
mist masquerades
lightning lavas
thunderbolt titans
hailstone hurricanes.

Sun is a candle
burnt aeon to aeon
list in cathedral tranquility,
niched in nebulaes
and the sheen shed mirrors
the mist of spheres
in smoky shimmer
and lightning like a creeper
sylllables darkness,
the coal of nights
mined invoid
and bolts in blue
a canopy weave
and stars spill helixed fires
that metamorphose
to stormy stones.

La nube es el fuego inmolador
el viento es el combustible,
la niebla es el humo,
el rayo es la llama,
la centella es el carbón
el granizo es la chispa
y este fuego se levanta en vapor.

Toda la fe se difunde
aniquilando y agarrándose del aire,
desastres maquiavélicos
compiten con el principio fenicio
de principio a fin de *Alpha* a *Omega*
en profanaciones y recreaciones.

Nacen a cada momento
el remolino del viento vorágine,
la neblina disfrazada,
los rayos de lava,
titanes de centellas,
las tormentas de piedra y huracanes.

El sol es la vela que quema
un eón con otro eón
hasta alumbrar la catedral de la tranquilidad,
se encapilla en nebulosas,
el resplandor se refleja en espejos
en esferas de neblinas
se entremeten en la luz ahumada
y el rayo silabea como un reptil
en la carbónica oscuridad de la noche
y destruye el infinito
y de pronto entra en el azul tejido dosel
de las estrellas que derraman hélices de fuego
en las metamórficas rocas tormentosas.

In uncreated nights
Light walks in dark –
void to void, its vestiges
vortexed in remarole . . .

A river of Fire
fills the wind,
jingles thunders, melts rocks :
it grips the gipsy wind
and deluging cloudy veins
cuts the granite space into reeling sheets
that rush to earth,
to greenery of progeny –
ceaselss creations and uncreations

Here and now
the end is our ken . . .
to see
to hear
to touch
to taste
to smell.
From edge we race to centred core
and embedded see circles
round and round
to motions bound.

Elements in flux –
air to fire
fire to air
earth to fire
fire to earth
wind to fire
fire to wind
water to fire
fire to water :
Totality unchanged.

En las noches sin creación,
la luna camina en la oscuridad
del vacío al vacío
dejando torbellinos de vestigios.

Un río de fuego lleva el viento
resuena en truenos y derrite las rocas
agarra al viento gitano
y lo diluye en venas nebulosas,
corta el espacio de granito en sábanas
y las arroja a la tierra para dar vida a progenitores
y no cesa las creaciones y deserciones.

Aquí y ahora, al final de nuestra divisa,
ve, oye, toca, prueba y huele.
Corre del borde al centro y una vez adentro
ve círculos redondos y redondos
que se limitan sólo a hacer señas.

Los elementos en fusión
del aire al fuego y del fuego al aire,
de la tierra al fuego y de fuego a la tierra,
del viento al fuego y del fuego al viento,
del agua al fuego y del fuego al agua
cambian totalmente.

Cloud Fire flames the skies –
wind, the fuel
mist, the smoke
lightning, the flame
thunderbolt, the coal
hailstones, the spark
and in this Fire gods offer oblation
and from clouds pour
torrential rain
blaring and thundering.

Earth is Sacrificial Fire –
year,   the fuel :
space,   the smoke :
night,   the flame :
heavens,   the coals :
stars,   the sparks –
In this burning Fire gods offer rain
and food arises.

Divine Lights walk the earth –
Capsuled fossils unbedded,
starting their Pilgrimage
down the paths of stars,
burnt-out bones of galaxies,
geometring the algebraic heavens,
torn parabolas
fleeting valancies :
down and down they come
down dilapidated dawns and eves.
Saints galore blaze the blood of seas
and breeds epochs, and sweat pedigrees.

Time fuelled
space smoked
night flamed
heavens coaled
flashes sparked

La nube de fuego flamea en los cielos
el viento es el combustible,
la neblina es el humo,
el rayo es la luz,
el trueno es el carbón,
el granizo es la chispa
y en este fuego los dioses
ofrecen ofrendas
y desde las nubes
caen lluvias torrenciales
con trompetas y truenos.

La tierra es el fuego inmolador
el año es el combustible,
el espacio es el humo,
la noche es la llama,
los cielos son los carbones,
los relámpagos son las chispas,
el fuego ardiente y los dioses
ofrecen la lluvia que produce el alimento.

Luces divinas caminan por la tierra
incrustadas en un fósil capturado,
comienzan su peregrinaje
por los senderos de las estrellas,
huesos quemados de las galaxias
hace una geometría del álgebra de los cielos,
desgarran parábolas,
huyen las valencias
que bajan y bajan
siguen bajando en ruinas
durante amaneceres y atardeceres.
Los Santos inflaman la sangre de los mares
y crean épocas y linajes sudorosos.

El tiempo se quema.
El espacio se hace humo.
La noche se inflama.
Los cielos se carbonizan.
Las centellas brillan.

On earth is poured
seas of rain
oceans of rain

and Earth Fire rages –
Year   the fuel
space   the smoke
night   the flame
heavens   the coals
flashes   the sparks

and in this Fire
gods offer oblation
and from earth arise
all sustaining food :
Food for humans, birds, beasts and all.

Man is Sacrificial Fire –
speech,   the fuel :
breath,   the smoke :
tongue,   the flame :
eyes,   the coals:
ears,   the sparks –
In this burning Fire Gods offer food
and Semen sprout.

The Greatest Sacrifice
is God's Sacrifice –
Sacrifice of celestial state,
His sacrifice to speed to earth
for birth of Man and his games

OM was the Word man spoke first

The	Word	was	Light
The	Word	was	Breath
The	Word	was	Tongue
The	Word	was	Eyes

La tierra de colma
de mares de lluvia,
de océanos de lluvia.

Y el fuego de la tierra se enfurece—
El año es el combustible
el espacio es el humo
la noche es la llama
los cielos son los carbones
las centellas son las chispas

y en este fuego
los dioses ofrecen ofrendas
y desde la tierra se levanta
todo el sustento alimenticio
para los humanos, los pájaros,
las bestias y para todos.

El hombre del fuego inmolador
habla y es combustible,
respira y es humo,
la lengua es la llama,
los ojos son los carbones,
los oídos son las centellas
con este ardiente fuego
los dioses ofrecen alimento,
que sirve para la producción del germen.

El sacrificio más grande
es el sacrificio de Dios…
es el sacrificio en estado celestial,
Su sacrificio veloz a la tierra
para el nacimiento del hombre y los tahúres.

OM fue la primera palabra que dijo el hombre.
La palabra fue la luz.
La palabra fue el aliento.
La palabra fue la lengua.
La palabra fueron los ojos.

The   Word   was   Ears
and Food reining the Five.

The   words   we   speak
The   breaths   we   breathe
The   tongue   we   twirl
The   eyes   we   see
The   ears   we   hear
are   Gifts   of   His
and we the frail must bend out thoughts
to sway of His will :
must carve our deeds to rule of His will :
must tune our Hearts to His High Will :
must chant and chant a million Him –
we in Him and He is us–a full circle.

What   we   want   to speak
What   we   long   to breathe :
How   our   tongue   will move
How   our   eyes   see
How   our   ears   hear
all these are fuelled smoked
coaled and sparked –
all computerised in cryptic scripts.

Woman is Sacrificial Fire –
flesh,   the   fuel :
thrust,   the   smoke :
vulva,   the   flame :
coitus,   the   coals :
orgasm,   the   sparks –
In this burning Fire
gods   offer   semen
and   foetus   sprouts –

La palabra fueron los oídos.
La quinta palabra fue alimento.

Las palabras que hablamos,
los hálitos que respiramos,
la lengua que damos vuelta,
los ojos que ven,
los oídos que oyen
son Sus dones
y nosotros los débiles debemos
inclinar nuestros pensamientos
para balancearnos a Su voluntad,
debemos grabar nuestros hechos
a la regla de Su voluntad,
debemos entonar nuestros corazones
a Su más alta majestad,
debemos cantar y cantarle millones de himnos—
nosotros en Él y Él en nosotros—
para llenar el círculo.

Lo que queremos hablar,
lo que añoramos respirar,
como moveremos la lengua,
como veamos con los ojos,
como oigamos con los oídos
todos éstos se alientan del humo,
del carbón, de las chispas—
todo calculado en las escrituras secretas.

La mujer es el fuego inmolador—
la carne es el combustible,
el empuje es el trueno,
la vulva es la llama,
el acto carnal es el carbón,
el orgasmo es la chispa,
en este ardiente fuego
los dioses ofrecen la simiente
de la reproducción
y el feto se produce.

a thing sublime
crescendoing to delirious seminal seed –
carring in its depths
all the floods of past –
its past sojourns in worlds unknown,
its triumps and woes
from long aeons,
all its passion
to reach and merge
with care and welcoming hail
of eternal Beginnings.

From fire we come
to fire we go –
no pyramid shall hide,
no grave treasure our sheath
of cracking bones and wormy flesh :

From fire we come
to fire we go . . .
Earth to earth,
Water to water,
Air to air, –
our frame dismantled.

We pass into flame
and flame into day,
from day flame into moon :
some reach the stars,
some dwell afars,
Some reach lone rocks
where titans walk,
some burn to meteors,
some scorch as gross . . .

but multitudes slip into space,
and caught in rains
reach earth and burgeon

Una cosa sublime es
el crecimiento delirante
de la semilla embrionaria
llevando en sus profundidades
todas las inundaciones del pasado—
las moradas pasadas en mundos desconocidos,
los triunfos y las penas
de los eones de hace mucho tiempo,
de todas las pasiones
que alcanza y surge
con cuidado al saludo de la bienvenida
del principio eternal.

Del fuego nacemos
y al fuego vamos—
no hay pirámide que nos esconda,
ni tumba que atesore nuestro ataúd
con huesos quebrados y carne agusanada.

Del fuego nacemos
y al fuego vamos...
llevamos el armazón desarmado
de tierra en tierra,
de agua al agua,
del aire al aire.

Pasamos a la llama
y de la llama al día,
del día en llama a la luna
a veces alcanzamos las estrellas,
a veces vivimos en las lejanías,
a veces alcanzamos las rocas solitarias
donde caminaron los titanes
quemados por meteoros
o carbonizados totalmente.

Pero las multitudes resbalan al espacio
y son cogidas en las lluvias,

into plants, herbs and trees
and get embedded as semen
and metamorphosed to human hordes
go their cycled births.

Fire   is   everywhere –

red   fire in the sun
white   fire in the moon
dark   fire in the night
grey   fire in the dusk
blue   fire in the waves
fay   fire in the skies
grim   fire in the clouds
green   fire in the plants
black   fire in the noon
cold   fire in the morn
long   fire in the mount
dead   fire in the wood.

Some on earth
are not quietest –
the Fire in few
shadows of past
recall . . .
their past sojourns,
their past habitations
their past meanderings
in Mars,
in hearts of stars,
their past long sports
in planetary roads,
their past lives
in lost paradise
and they –
a gifted few –
go like Aurobindo
to past
and vast
and Life Divine.

llegan a la tierra y crecen
en las plantas, hierbas, árboles
y engendran el germen
que en la metamorfosis de hordas humanas
van al ciclo del nacimiento.

El fuego está en todas partes...

El rojo es el fuego del sol,
el blanco es el fuego de la tierra,
el negro es el fuego de la noche,
el gris es el fuego del atardecer,
el azul es el fuego de las olas,
el celeste es el fuego de los cielos,
el tizne es el fuego de las nubes,
el verde es el fuego de las plantas,
el negro es el fuego de la medianoche,
el frío es el fuego de la mañana,
el suspiro es el fuego de la montaña,
la muerte es el fuego de la madera.

Algunos no se aquietan sobre la tierra—
El fuego llama a pocos
en las sombras del pasado...
sus moradas pasadas,
sus lugares pasados,
sus pasados laberintos
en Martes, en corazones de estrellas,
son tahúres de hace mucho tiempo
en los caminos planetarios
de sus vidas pasadas
perdidas en el paraíso
y ellos—
los pocos elegidos—
van como *Aurobindo*
al inmenso pasado
de la vida divina.

The earth is not for meet,
The earth is not for weak,
The earth is not for gay,
The earth is not for sly,
the earth is not for shy –

Mind divined and gods as guides,
the fires in human breast
must burn all dust,
must burn all thirsts for lusts –

and *Lord*
leaving His silken Couch
in misty seas
will knock
at doors of our hearts
to gain entry
and sail in seas in us –

He our sole Eden,
and we His sole heaven –
God
Burnt to man.

La tierra no es mansa,
la tierra no es débil,
la tierra no es para divertirse,
la tierra no es para los tímidos,
la tierra no es para los astutos.

La mente divina y los dioses son como guías,
los fuegos en los pechos humanos
deben quemar todo el polvo,
deben quemar todas las ansias por su codicia.

¡Señor!
deja Tu trono sedoso
en la niebla de los mares
llama a la puerta de nuestros corazones
para poder ganar la entrada
y navegar con nosotros.

Él es nuestro solo Edén
Y nosotros Su propio cielo.
Dios
calcinado al hombre.

EARTH

Earth is flesh of flames,
a bubble of blood
flung from flux of flood
in deeps of orgiastic **Os**,
sewn and sheathed
in hurricane clasp,
gushing pyramids of fires,
raping Space
pedigreed with reddened firmaments.

In vortexed Universe
gyrations glued to veins,
Earth
its umbilicals cut
priding in trajectory,
Cousins Mars and Moons,
Venus, Jupiter, Mercury
and golden Saturn in lone afar,
its atomic gust
rivering planetary dust.

Earth eternal,
Life eternal,
Death a horizon –
just finitising Infinite –
and man,
apex of dawn and dusk,
stages exists and entrances
in his cocooned existences :
wiser in sleep
than awake ;

Higher Powers operate
through antenna
in silver cord,
Centred in head –

LA TIERRA

La tierra es la carne en llamas,
es una burbuja de sangre
que nace de la fusión orgiástica **OS**
unido y envainado en broche huracanado
que derramando pirámides de fuegos
entra al espacio sin el derecho
de ser parte de las enrojecidas constelaciones.

Los giros se unen a venas galimátias al universo,
la tierra corta los cordones umbilicales
y se jacta con sus primos *Marte, Lunas,*
Venus, Júpiter, Mercurio, el dorado *Saturno*
en la lejana trayectoria e hiende el polvo
planetario en ráfaga atómica.

La tierra eterna,
la vida eterna,
en horizontes muertos—
el hombre
ápice de auroras y atardeceres
viaja entre entradas y salidas
en su existencia en capullo,
es más sabio cuando duerme
que al despertar.

Lleva la cabeza como centro—
de otros centros conquistados—
con poderes más altos que funcionan

the other centres conquered –
Beethoven heard
the dirge of death :
Edison thrilled
at sight of beauties
transcedental.

In multitudes
of creations vast
Human alone thinks,
Cosmos sunk in him.
Man a universe
Man a multitude
Man a sprout of million aeons,
That Glorius Hour
walked the world,
Woman heavening him.

From abysses of past
man structured
civilisations galore –
Mayan in Chile,
Polynesian in Southern Seas,
Chinese on Yellow River
Indus Ganges Hordes
Nile Valley with pyramids
And Mesapotania and Sumeria
And Lemuria in South of Ind.

Slaves of words, friends of tunes,
allies of alphabets, vassals of dialects :
In depths of darkness Poets revel :
on slopes of thoughts we skate and whirl :
In verbal explosions and roaring emotions

We poems blaze and epics erect
from heaps of horary dust.
We walk the worlds

a través de antenas en el cordón plateado,
que oyó el canto fúnebre de *Beethoven,*
que emocionó a un *Edison*
ante las bellezas transcentales.

En multitudes de creaciones extensas
lo humano sólo piensa
y se hunde en el cosmos.
El hombre es el universo,
el hombre es una multitud
el hombre brota de millones de eones
en esta hora gloriosa
camina por el mundo
junto a la mujer que lo lleva al cielo.

El hombre expuesto
a muchas civilizaciones
de los abismos pasados—
los Mayas en México,
los Polinesios en los mares del sur,
los Chinos en el río *Amarillo,*
los Indostánicos en las hordas del *Ganges,*
los Egipcios y las pirámides en el valle del *Nilo,*
en la *Mesopotamia,* en *Simeria,*
en *Lemuria,* en el sur de la India.

Esclavo de las palabras, a la amistad de la música,
la alianza alfabética, el tributo a los dialectos,
el poeta se revela, se revuelca
en las profundidades oscuras,
patina sobre las lomas del pensamiento
en explosiones verbales y emociones rugientes.

Nuestros poemas son las llamas de las epopeyas
erigidas de los montones de polvos blanquecinos.
Caminamos por los mundos

We walk the stars
We sojourn firmanents
We traverse galaxies :
We are the lamps
that light all climes :
We illumine darker paths
and anguished hearts.

We, the architects
of scintillating verse
wallow in violet thoughts
and build an Universe
lit by waltzing words.

God is in Man ; not in Heaven
and Earth is Eden : Paradise Regained.
Man must *Will* and *Win* the God in him
and blom as Krishna
Buddha, Christ or Muhammad
and furied dare will triump the doom.

Christ was born the day Sun was born :
God has left his Sleep
for man to walk
all blessed roads
God has bequeathed . . .
each one a path
each one a hope
each one a thought
each one a chant.

Man must illumine
all streets of Being,
slashing non-being –
ever agile for Union
with inward blazing One.

caminamos a las estrellas
vivimos en firmamentos,
atravesamos constelaciones,
somos las lámparas de luz
en todos los climas,
iluminamos los senderos oscuros
de los corazones angustiados.

Somos los arquitectos del verso oscilante
nadamos en pensamientos violetas
construímos el universo
inspirado en la danza de las palabras.

Dios está en el hombre, no en el cielo
la tierra es su paraíso, paraíso bien ganado,
el hombre debe ganar la voluntad de Dios
y florecen como *Krisna, Buda, Cristo o Mahoma*
y se atreven a ganar el fin del mundo.

Cristo nació el mismo día que el sol.
Dios deja de dormir
para que el hombre camine
y bendiga todas las rutas
que Dios ha transmitido
a cada uno de nosotros el sendero
a cada uno la esperanza
a cada uno el pensamiento
a cada uno una canción.

El hombre debe iluminar
todas las calles del ser
apartando al que no es ágil
a la unión con la llama interna de uno.

Shankara pleads for crash of Maya –
a miraged abyss between Him and Us :
Ramanuja cries :
' Surrender ye all and gain His Gaze.'
Madhwa harps on God the High
and Man his thrall.

From Tao come
The Great Monad and Universe –
Yang and Yin, man and woman :
Moses saw God in flames of Fire :
Rabbinic in Kabbala :
Zarathustra's Ahura-Mazda
visioning Right and reign of Peace.
Buddha preached :
' Your Self is your Lamp :
Law is the Lamp
and Nirvana annihilating all
that desires weave –
Thought . . . Thought . . . Thought
alone is sole solace.'

Jesus of Nazareth
pleads for Kingdom of God :
an inner change should spring in mind
St. Anthony remained all night in ecstasy.
super-lucent darkness
of hidden mystic silence
reigned several centuries
and Saints felt *Word*
visiting them and lighting Paths
and Thomas Aquinas stressed
Reason... Revelation... Intuition...
St. John of the Cross
spurning night of senses :
For Muhammad
God is Infinite
and Sufis moan :

Sankara ruega por el fracaso de *Maya* —(16)
un abismo imaginario entre El y nosotros.
Ramanuja (17) clama,"la rendición de todos
para ganar la vista de Dios".
Rahwa toca el arpa al Dios de las alturas
y el hombre es la esclavitud a Dios.

Desde Tao llega el Gran Nómade y el Universo—
Yang y Yin, hombre y mujer,
Moisés vio a Dios en las llamas del fuego
Un *Rabino* (18) explica la *Cábala* (19)
Zaratrusta (20) habla de *Aura-Mazda* (21)
ve visiones del derecho a un reino de paz.
Buda ora: *"Tú eres la misma lámpara*
La ley es tu lámpara"
y *Nirvana* aniquila todos
esos deseos tejidos—
Piensa…Piensa…Piensa…
En el solitario solaz.

Jesús de Nazaret pide al reino de Dios
un cambio interno que refresque la mente
y *San Antonio* extasiado permanece en vela.
La super oscuridad luce en el escondido
silencio místico.
Reina por los siglos
y los Santos se unen a la Palabra
visitándolos en los senderos de luz
y *Santo Tomás de Aquinas* da énfasis
a la Razón, Revelación, Intuición.
San Juan de la Cruz medita
los sentidos durante la noche.
Para *Mahoma,* Dios es el Infinito.
Sufis (22) se queja que todo perece

Everything a perishing halik
Except Allah and suffering raises soul to
I am the *Truth*...
ana al-Haqq... Aham Brahmasmi . . .

The sway of elements on us is play of stars,
no end or beginning –
the self indestructible, inexhaustible.
It wears the mortal coil
and any hour unfurls
as wornout garments –
a cocooned interlude.
Weapons tear it not ;
Fires burn it not:

Waters wet it not ; Winds dry it not.
The Self cannot be cut ;
The Self cannot be burnt ;
The Self cannot be wetted ;
The Self cannot be dried :
It is Omnipotent,
All-Pervasive,
Immeasurable Immemorial,

Unthinkable, Unchangeable :
So, why grieve for life –
a monad mirage ?
Ever born and ever dead,
birth and death
a circled twirl –
the human days just a pause :
to fight and win
is warrior's creed :
to pray for Peace the wisest's deed :

our right in world,
is Work and Work,
leaving fruits of action

excepto *Alá*(23) que sufre y eleva el alma
al decir *"Soy la Verdad"*.
ana al happ…Aham Brahmasni…

El vaivén de los elementos sobre nosotros
es jugar con las estrellas,
sin fin o principio—
el yo mismo soy indestructible, inextinguible.
La serpentina mortal
se desenrosca a cualquier hora
como las gastadas vestimentas
en el interludio de un capullo.
Las armas no lo rompen
y los fuegos no lo queman.

Las aguas no lo mojan,
los vientos no lo secan.
Por sí mismo no se corta.
Por sí mismo no se quema.
Por sí mismo no se moja.
Por sí mismo no se seca.
Se vuelve omnipotente
un todo perverso
inmensurable, inmemorial.

Sin pensamientos, incambiable.
Así ¿Por qué se aflige de la vida
en un espejismo nómade?
Siempre nace, siempre muere
en una vuelta del remolino—
los días humanos son sólo una pausa
para luchar y ganar,
el credo del guerrero
es rezar por la paz la más sabia hazaña.

Nuestro derecho en el mundo
es trabajar y trabajar
dejar frutos de acciones

as God's manifestation –
Karmany eva dhikaras te
ma phalesu kadachina –
Not just a testament,
not just a sacrament.
but Voice of God
that Yogic Peace counsels
ecstatic solace in bliss :

Action, sans passion, is succession
to possession to God Vision :

Mind pure, a Kingdom is,
serene, freedomed bliss :
no fear shall gall
or anger stall
its saintly serenity,
seeded in divinity.
Elements hurricane all –
but in blessed tranquility
pains are slain
sorrows torn
and Mind gains Manna
of Brahmic Nirvana . . .
senses reigned by Mind,
unled by whip and ache
of eyes and ears and evil wish
in Sacrifice of Super Will –
annihilation of urge and rage of senses
wheeling humankind
in dark ages of
restless and destruction.

Godmen attain
Perfection in Right Action —
and even gods ruling earth and heaven
are Karma-bound
and worlds would wither away

como la manifestación de Dios—
Karmany eva dhikaras te
Ma phalesa kadachina—
no es sólo un testamento
no es sólo un sacramento
pero la voz de Dios
en la paz Yódica dando consejos
en la soledad estática,

Acción, la pasión en sucesión
posesiona la visión de Dios.

La paz segura, es un reino,
serena y libre bendición,
no teme la hiel del enojo
la santa serenidad
germina en la divinidad.
Todos los elementos del huracán
sólo en la bendita tranquilidad
mata dolores,
desgarra las penas
y la mente recibe el maná
de Brahma Nirvana.
Los sentidos gobiernan la mente
desligadas del látigo y el dolor
y el dolor de los ojos, los oídos
y el deseo diabólico
se vuelven en el Sacrificio de la Super Voluntad.
La anihilación del instinto y el enojo de los sentidos
dan rueda a la humanidad
de las edades oscuras
de la inquietud y destrucción.

Como el hombre de Dios
obtiene perfección y el Derecho de acción.
Todos los dioses regulan la tierra y el cielo
dominados por *Karma* (24)
y los mundos se marchitan

if gods would rest awhile :
success and falls belong to Mind,
not to man —
loves and hatreds are not his but of the Mind —
God men sport on slopes
of eternal Verities —
free from hopes, free from egoism,
free from passioned fevers.
Live here and now conquering mountains,
mastering vehicles,
slaving avarice with ardent wills.

The Divine in us burgeoned
will crush demonic dire,
all dusts wipe off,
senses subdue — life a battle won.

The good seek God
in paths God trod :
humanity is led in camps —
unactivity activity inactivity
and God authoring three :—
ripples and foam and bubbles
Himself alone in Lone.

Action is movement,
Inaction a total cessation
and unaction is sloth !
Abandoning fruits of action —
detached, unclutched, all senses-controlled
He is a Sage : supreme his seen,
felt and tasted manna
and eyes, ears, limbs and thoughts
offered as Sacrifice
to Fire of Fires dieting on vital airs
sees his Self in God —
all his blemishes ashed,
all his past acts smashed,

si los dioses descansan.
El éxito y las caídas pertenecen a la mente,
no al hombre.
los amores y los odios no son suyos
sino productos de la mente.
Como hombres de Dios juegan en las lomas
de las verdades eternas,
libre de las esperanzas, libre del egoísmo,
libre de las afiebradas pasiones.
Vive aquí en la tierra y conquista montañas
entiende las maquinarias,
es esclavo avariento con voluntades ardientes.

Lo Divino mora en nosotros
para destruir el mal endemoniado
y todos los polvos limpian
los sentidos subyugados—la vida es una batalla ganada.

La bondad busca a Dios
en los senderos que Dios encamina,
la humanidad se dirige a los campos,
la inactividad, actividad, inactividad
y en la Trinidad de Dios
se rizan, se espuman y se hacen burbujas
en Sí mismo sólo en la soledad.

La acción es movimiento,
la inacción da total cesación.
¡La pereza es ocio!
Al abandonar los frutos de la acción,
suelta, desgarra y controla todos los sentidos.
Él es la salvia, la Supremacía lo que es visto,
siente y prueba el maná,
ofrece ojos, oídos, miembros y pensamientos
como sacrificio al fuego de los fuegos
el alimento vital y se ve a sí mismo en Dios.
Todas su manchas se hacen cenizas,
todo su pasado se destroza.

Likes and dislikes sacrificed,
mind's fires quenched,
inward peace gained,
an ocean-vision illumined within
Om Tat Sat —
atman atmanam
by the Self alone Self aroused —
mind, the saboteur tamed and chained —

heat and cold,
joy and sorrow,
friend and foe,
fame and shame — all the same,
the Yogi
unwound of earthy aches
Nirvana gains here, and one in a million.

God is light of Sun and Moon ;
He is perfurm of the earth ;
He is womb of Universe :
stars and spheres well from Him :
He is Maya, Yoga, endless space.

By seeing Him, we see All :
By hearing Him, we hear All :
He our sole Refuge —
Our mind fixed on Him —
All actions   His
All thoughts His
All tastes   His
All sights   His
All touches   His
All attempts His
All success   His
He and we oned :

And He
agelessly proclaims :

Los gustos y disgustos son sacrificios
que calman el fuego de la mente
y gana la paz interna y ve visiones
de un océano iluminado por dentro
Om Tat Sat—
atman atmanan (25)
se eleva en un sólo ser—
la mente, reprimir al perezoso y encadenar
el calor y el frío,
la alegría y la pena,
al amigo y al enemigo,
la fama y la vergüenza —da lo mismo todo—,
la Yoga
desenreda los dolores,
y *Nirvana* conquista aquí, a uno entre el millón.

Dios es la luz de la luna,
es el perfume de la tierra,
es el vientre del universo,
es el pozo de las esferas y estrellas,
es *Maya, Yoga* (26) y el espacio infinito.

Al verle, vemos *Todo*,
al oírlo, oímos *Todo,*
Él es nuestro sólo refugio—
fijamos la mente en Él—
todas las acciones son Suyas,
todos los pensamientos son Suyos,
todos los gustos son Suyos,
todas las vistas son Suyas,
todo lo que tocamos es Suyo,
todos los esfuerzos son Suyos
todos los éxitos son Suyos
Él y nosotros somos uno.

La proclama eternamente.
los frutos del trabajo.

For fruits of Work,
You should not crave :
In Me melted,
You should brave
The aches of Work and life's hiss
And I take you to Lasting Bliss:

Man is frontier
of Him the Almighty Power
Homed in hum of Void :
Man is unique creation
in million expressions
of mortal existences
but Human alone
can break away from bonds of earth :

He is capsuled fossil
embedded in earth
for deliverance of time
from carnivorous space :
his psyche can swell and scale
highs inconceivable :
tabernacled he reads
the scripts of stars
whose unseen arms
do take some to heights
or mire them in depths of doom
and lead them blind to goals unknown.

And now we see
the soul silhouetted in photo frames —
biolumniscence . . .
Kirlian phenomenon :
Premonitions
Precognitions
and meeting mind with mind —
distance annihilated
and psychometry,
the expression of touch,

No debes desear,
debes ser valiente
a los dolores del trabajo
y el sisear de tu vida
son las bendiciones eternas.

El hombre es la frontera
de su Poder Supremo
que vive en el susurro del Vacío.
El hombre única creación
en millones de expresiones
de la mortal existencia
puede quebrar los lazos con la tierra.

El fósil capturado
que mora en la tierra
entregó al tiempo
desde el carnicero espacio,
su psique que al hincharse escala
las alturas inconcebibles.
En el tabernáculo se leen
las escrituras de las estrellas
cuyos brazos invisibles
lleva a algunos a las alturas
o se enlodan en las profundidades de la condena
y las guía a confines ciegos y desconocidos.

Ahora vemos la silueta del alma
como fotos enmarcadas
en bioluminiscencia…
en el fenómeno *Kirlian*(27)
premoniciones, preocupaciones
y de mente el encuentro con la mente
en la distancia aniquilada.
La psicometría, (28)
la expresión del tacto,

psychic dreams in silver codes
and summoning spirits
from vaulted pasts,
recurrent psychokinesis
and poltergeists —
common occurrence in daily chores —

plant sentience
and creepers
waltzing in tune
to music steps

pyramidology —
pyramid study
and charged energy fields,
psychic surgery
and radionics :
fields unconceived
fields unperceived
fields unreprieved
psionics and psycho acoustics.

These Neotic vast domains
beyond the range of telescopes,
antennas and radar beacons
spell a robot onslaught
of masterminds to cleave and beam
discoveries, shocking and nerve-tingling.

But Reality
souled in Mystery
a million billion illusions flames
but reaching Truth in panoply
is yet a sweated quest.

Man can walk the seas :
Man can walk the stars :
Man can tear the earth :
Man can spear the sun :

los sueños psíquicos en códigos de plata
invoca los espíritus
del pasado abovedado,
recurre al la *psicocinética* (29)
y los espíritus vagabundos
se encuentran en las tareas diarias—

la planta consciente,
los reptiles valzean
al tono de los pasos
de la música piramidal—
del estudio pirámide
cargados en los campos de energía,
la cirugía psicaica
y radiofónica
crean campos inconcebidos,
campos inadvertidos,
campos sin alivio
pseónico y psico acústico.

Estos dominios neóticos
más allá de la cadena Telescópica,
antenas y guías radares
reemplazan con un robot embestido
de las mentes maestras para abrir canales,
descubrir rayos al sentir la sacudida
y el hormigueo nervioso.

Pero la realidad
con alma en el misterio
de millones, billones de ilusiones de llamas
que alcanzan la verdad bajo la panoplia,
es la averiguación sin recompensa.

El hombre puede andar por los mares.
El hombre puede llegar a las estrellas.
El hombre puede romper la tierra.
El hombre puede ser un lancero al sol.

Man can pluck the moon :
Man can make babes and cubs
But Man is yet to reach
the *He* in him
and Man is yet to see
the *He* in Him :

And Man is yet to grieve
for tears of dumb creatures :
Man is yet
to save his soul
from harm to kitch to kin,
from grip of lust
for luscious belles.

Man
is yet to Man
the Man in Him.

Vedas and Upanishads,
Sutras and Scriptures
from East and West,
Sufis and saints of all clines
have stressed the futility
of passioned wants :
the trailing crash
of raging lust :

the tinselled fall
of joys in life
ever ephemeral :
the craze for place
in all front lines :
the hunger for possessiveness —
land and gold boundless opulence.

Fronties pushed
and havocs brewed
and crash ripened to fulfillment —

El hombre puede llegar a la luna.
El hombre puede llegar a tener hijos y cachorros.
Pero el hombre aún tiene que alcanzarle
pero como aún tiene que verle.

El hombre tiene que penar
con las lágrimas de las criaturas mudas.
El hombre aún tiene
que salvar su alma
del daño de parientes y amigos,
del apretón de manos de la lujuria
por las bellezas codiciosas.

El hombre
es aún hombre
el hombre en sí.

Un *Veda*(30) y un *Upanishads*(31)
a un *Sutra*(32) y las escrituras
desde el este al oeste,
Sufis (33) y los santos de todos los climas
se sometieron al esfuerzo de la ineficacia
de los deseos apasionados,
rompen el camino
de la lujuria furiosa.

De la caída del oropel
que goza la vida
siempre efímera
de la locura un lugar
en todas las fronteras,
al hambre de tener en posesión—
de la tierra así como el oro ilimitado
de la opulencia.

Las fronteras empujan
y se mezclan en los estragos
y rompe la madura realización

The Great Watchers know the Hour
when to come
and stop the Fall that spells
Deluge :

All our travesties,
all our tests
and our meanderings :
all our probes and violent questionings
will never take
humanity to fullment
but holocaust repeat
as Watchers know when and how to stop.

The World Within
our lotus heart
alone can gain
Heaven on Earth —
a Kingdom Won.

de saber la hora en que llegan
los Grandes Observadores
y detener la caída que deletrea *D I L U V I O*.

Todas nuestras travesías,
todas nuestras pruebas
y nuestros laberintos,
todas nuestras preguntas violentas
nunca tomarán la humanidad
para realizar
los holocaustos repetidos
así como los Observadores saben
cuando y como deben parar.

El mundo interno
en nuestro corazón de nenúfar
sólo puede ganar
el cielo y la tierra
y gana su reinado.

VOID

'Alone ? No ... You are not alone !'...
A whisper from Afar —
from beyond galactic clouds
of interstellar dust
measuring light years
and millions of suns —
a Voice blue and murmurous
from a remote tribe
sowing seeds of life
in ripening galaxies —

guided missiles,
directed panspermia,
primordial giant molecules
from cosmic cradle.
A full moon nectar-white
filled my bed with ivory showers,
froze my flesh and numbed my nerves

and churned from milky tides
arose a cherubim Form :
a velvety Rose of dawn incarnadine.
and thus spoke in silent syllables,
each one spun of lights

I come from realm of Reality —
everlasting pyramidal creations —
In beginningless beginning
He — The *One* oned in *All*
lay serene macrocosm microed :
seven worlds, seven centred . . .

Dark depths of Space
shrivelled to unseen eas,
epansive oceans racing in veins :
mounts and peaks crashed to baby bones :

EL VACIO

¿Sólo? ¡No!, ¡No estamos sólos!…
Un murmullo lejano
del más allá de las nubes galácticas
del polvo ínter estelar
mide los años de luz
y millones de soles.
Una voz azul murmura
de una tribu remota
siembra semillas de vida
en constelaciones maduras

guías misiles,
dirige *panspernia* (33)
y moléculas primordiales
gigantes de la cuna cósmica.
Una luna llena nutre el blanco néctar
mi cama con lluvias marfilada
que hielan mi carne y paralizan los nervios,

y ponen en urnas las mareas lechosas
que se levantan en forma querubines
en la rosa aterciopelada de la aurora encarnada,
así hablan cada una de las sílabas
silenciosas tejidas en las luces.

Vengo del reino de la Realidad
de las eternas creaciones piramidales—
y sin principio comienzo
con *Él*—el *Uno,* unido el *Todo*
Yacen el sereno macrocosmos
de los siete mundos y siete centros…

La oscura profundidad *Espacial*
estrecha los mares desconocidos
expande océanos que corren por mis venas,
montañas y picos se despedazan en huesos de criaturas

many a billion universe —
their mammoth paces frozen —
crushed to ageless quietitude
and silent rinds . . .

all worlds and spheres
gulped and pulped
in numbed fire in His Being.

In spheres Afar
roam hordes like humans —
their truant fee
blaze fiery torches
and they race along
sparkling firmaments multitudinous
and steer mammoth ships
in starry spaces wide apart
and often hop

from galaxies to galaxies
and gather lamps
to light the darker deeps :
They come riding million suns
and billion moons
and seed in humans
shocks that wake in them
mystic Remembrance
of lone Beyond —
hailed on earth as uncommons
and dark hoary Revelations.

In budding centuries
at the dawn of Third Millennium —
you on earth will face a change
a change grim and strange :
all cities charred to cemeteries
all nations ashed to holocaust,
all birds and beasts

en muchos billones de universos—
la inquietud eterna y los bordes silenciosos…

todos los mundos y esferas
tragan y hacen masa
de fuego entumecido en *SU SER*.

En esferas más lejanas
vagan hordas casi humanas—
los pies truhanes
encienden feroces antorchas
y corren a lo largo
centelleando firmamentos multitudinosos
y manejan enormes buques
en los espacios estrellares separados
y saltan de una constelación a otra

unen las lámparas para alumbrar
las oscuras profundidades.
Vienen montando millones de soles
y billones de lunas
para sembrar en los humanos
sacudidas que les despiertan
la memoria mística
del solitario más allá—
que bendice la tierra como un extraño
y busca *Revelaciones* en la oscuridad.

En los primeros siglos
al amanecer del *Tercer Milenium*
la tierra y tú hacen frente a un cambio
horrendo y extraño.
Todas las ciudades carbonizadas en cementerios,
todas las naciones en cenizas de holocausto,
todos los pájaros y las bestias

boned to smithereens,
all arts and faiths and homes sepulchered ;

mountains floored
and sea beds peaked
waters roaring,
storms shrieking
tempests screaming
thunders swording skies
lightnings tearing nights
and days gulped in dusks
and longish nights
devoured by houding dawns . . .

Earth, a phantom of past, eerie urges.

From this phoenix realities
will sudden bloom a new Eden —
a Race of stalwart men
and flower women
with eyes to see
histories in make and ears to hear
luring music from far off spheres.

Strange ships and boats
will arrive galore
and lift earth tribes
to far off Isles in stellar Space
and worlds reveal —
not worlds of water alone,
not worlds of fires alone,
not worlds of winds alone,
not worlds of void alone
but World of Mind
where Elements reel and flee
and Reality reveal
Almighty and His Wheel.

yacen hechos añicos, todas las artes,
religiones y hogares sepultados,

montañas echadas al suelo
y el mar picado trae aguas rugientes,
tormentas chillando, tempestades gritando,
truenos cortando los cielos,
rayos rompiendo noches
y días tragando atardeceres
y noches alargadas
devorando auroras perseguidas...

La tierra, un fantasma del pasado, impela atemorizada.

Desde esta realidad el Fénix
florecerá un *Edén* rápidamente-
una raza de hombres fornidos
y mujeres en flor
con ojos que vean
historias por hacerse
y oídos que oigan
la música lúbrica de otras esferas.

Buques y barcos extraños
llegarán en cantidades
y levantarán tribus terrenales
del espacío estelar
y los mundos revelarán—
no sólo un mundo de *Agua*,
no sólo un mundo de *Fuego,*
no sólo un mundo de *Viento*,
no sólo un mundo del *Vacío*
pero un mundo de la *Mente*...
donde los *Elementos* se enrollan y huyen
y la Realidad revela
al *Todopoderoso y Su Rueda.*

Akasa is *Om* ! All is *Om* !
What has been, What is,
What is yet to be — All is *Om*,
'Star' is home of Gods :
'*Bhuvar*' is home of Spirits :
'*Bhur*' is home of humans :
All above is home of Seers.

Akasa is Brahman
Brahman eternal :
Brahman in front,
Brahman behind,
Brahman to right,
Brahman to left,
Brahman above,
Brahman below,
Brahman everywhere
Brahman Universe :

By perceiving Him we perceive All ;
By hearing Him we hear All ;
We become the Known and Unknown.

The Story of Universe
is four-dimensional Space :
all world-lines move as racing atoms,
racing beasts, racing stars , —
Three in space and One in Time.
Akasa is seen Within ;
as seen Outside is sans Reality.

Place yourself in Space :
place all Space in yourself :
Soul and space coalesce
as flames in light weld :
Let us now resolve to evolve,
not evolve to resolve —
Not to Be Born
again and again

¡Akasa es *Om*!,(34) ¡Todo es *Om*!
Lo que fue, lo que es, lo que será,
Todo es *Om*.
Svar (35) es el hogar de los dioses,
Bhuvar(36) es el hogar de los espíritus terrenales
Bhur(37) es el hogar de los humanos.
Todo desde lo Alto es el hogar de los Buscadores.

Akasa es *Brahman*
Brahman es eterno,
Brahman está al frente,
Brahman está detrás,
Brahman está a la derecha,
Brahman está a la izquierda,
Brahman está arriba,
Brahman está debajo,
Brahman está en todas partes
Brahman es el Universo.

Al percibirlo, percibimos Todo,
al oírlo, oímos Todo,
somos lo Conocido y lo Desconocido.

La historia del Universo
es el espacio cuatri-dimensional
y todas las líneas del mundo mueven
carreras de átomos, carreras de bestias,
carreras de estrellas,
Tres en el espacio y Uno en el Tiempo,
Akasa es visto desde adentro
como visto desde afuera es la Realidad.
Colócate en el Espacio
coloca todo el Espacio en tí mismo,
el alma y el espacio se unen
como la llama soldada a la luz.
Dejemos ahora resolver la evolución,
no evoluciono lo resuelto—
no nace
otra vez y otra vez.

In human frame
Inner Breath
is merged in outer breath
and Wheel
comes full Circle.

The unseen,
incommunicable,
unseizable,
unthinkable,
undesignable . . .
That is the Self,
That which has to be known, —
The Spirit which is here in man ;
The spirit which is in the Sun :
The One Spirit — no other.

They coalesce :
The unite Powers of Truth,
Powers of Maya,
Wealth of seas, Stars in skies —
This Reality transcending all,
transcending Space and Time,
the Eternal in many a transcience . . .

One Super Intelligence in fleets of inertia,
One Super Conscience in multitude
of consciousnesses.

The vasty dome of blue
with beaming diadems :
the faster pace of fleeting lights
in lofty growing heights :
the restless run of elements
to hew huge continents in far off worlds :
the rage of thoughts in mountained Minds
to architect a novel race
in interstellar Space

En el armazón humano
la respiración interna
surge del soplo exterior
y la Rueda
llega a un círculo completo.

Lo invisible,
lo incomunicable,
lo inmensurable,
lo indispensable…
Ese es el *Ser*,
eso que tiene que ser conocido—
el *Espíritu* que está aquí en el hombre,
el *Espíritu* que está en el sol,
el único *Espíritu*—ningún otro.

Se juntan,
se unen los poderes de la Verdad,
los poderes de *Maya*,
las riquezas de los mares,
las estrellas en los firmamentos
esta realidad lo trasciende todo,
trasciende el Espacio y el Tiempo,
lo Eterno es trascendencia en muchos.

Una super inteligencia flota de al inercia,
una consciencia super de una multitud
de inconsciencias.

La gran cúspide azul
con rayos de diadema
cruza a pasos rápidos las luces fugaces
en el incansable correr de los elementos
el golpe de los enormes continentes
la furia de los pensamientos
que se amontonan en las mentes
arquitecta la nueva raza
en el espacio ínter estelar

for us to gaze
and link heavens to super kens —
Super seers
in super Verse,
Super leaps
in super heaps —

A Descent
of Infinite
and Ascent
of humans
to heavens.

Mind, Sense, Heart, Will, Life, Body —
all a Sacrifice must make
for grim resolved take-offs.
Mind   must cease to be Mind :
Sense   must cease to be Sense :
Heart   must cease to be Heart :
Will   must cease to be Will :
Life   must cease to be Life :
Body   must cease to be Body —
passioned retreats and sure ascents
to realms of blazing Lights . . .
here in life . . . here on earth . . .
here in the body . . .

In our travels to reach
the Immaculate Flame,
we must break the sod
that mounts distress
in all our path and ways —
No man is an isle in himself :
No man is less alone when left alone.

The Divine is not in Void alone :
It is with us within us —
clamouring every day, every hour
to give up all to Him

para que nos admiren
y encadene los cielos
a la super divisa,
los super buscadores
en el poema super,
de los super saltos
en montones super.

Un descenso
del *Infinito*
y el ascenso
de los humanos
a los cielos.

Mente, sentido, corazón, voluntad, vida, cuerpo,
todo un sacrificio debe hacerse
para resolver las horrendas partidas.
La mente debe cesar de ser mente.
El sentido debe cesar de ser sentido.
El corazón debe cesar de ser corazón.
La voluntad debe cesar de ser voluntad.
La vida debe cesar de ser vida.
El cuerpo debe cesar de ser cuerpo—
apasionados retrocesos y seguros ascensos
al reino de las luces relucientes…
aquí en la vida… aquí en la tierra…
aquí en el cuerpo…

En nuestros viajes para alcanzar
la llama inmaculada,
debemos romper el témpano
que amontona la pena
en todos los caminos y modo de ser—
Ningún hombre es una isla en sí mismo.
Ningún hombre está menos sólo
que cuando se lo deja sólo.

Lo divino no es sólo el infinito.
Está dentro de nosotros mismos—
clamando todos los días, todas las horas
para renunciar a Él.

who is Within !
Our mid-thoughts
mid-emotions
mis-perceptions

all scream for Perfection
and Perception :
psychic exits
opening paths to jewelled citadels
all scream for total consecration
total Surrender and submission
to Total Will:

Fronties of flesh crossed
Boundaries of blindness flown
Ego's barbaric pulls pulverized
a Total Presence in Panoply
is sagely perceived :

The mystic Core —
unmoved by agonies
untouched and unperturbed
when peripheries of human frames
are gently stirred —
remains static :
as serene and calm as in atom's central core.
in tranquil state :

its tendrils radiate
solaced peace to darker rinds —
an exaltation
perfuming our poise
a delight of triumph
over lust for riches and name
and in the end a Sacrifice . . . a Surrender

of our Mind
will, heart and senses
to a Master Mind

¡Quién está aquí dentro!
Nuestros pensamientos,
las emociones,
las percepciones a medias todas
gritan ¡Perfección!
Y la perfección
psíquica sale
abriendo senderos
a ciudades enjoyadas
que juntas exclaman consagración,
subyugación y rendición a la voluntad total.

Fronteras carnales cruzan,
limites de cegueras vuelan,
el *"yo"* barbárico pulverizador
percibe suavemente
la Total Presencia bajo la Panoplia.

El corazón místico
inmovilizado por las agonías,
intocable e imperturbable,
cuando se revuelve con suavidad
en las periferias del armazón humano,
permanece estático,
sereno y calmo
como el corazón del átomo central
en estado de tranquilidad.

Los zarcillos irradian
uniones de paz hasta las orillas oscuras,
una exaltación perfuma el equilibrio,
un deleite de triunfo
sobre la lujuria por las riquezas y el nombre
y al final un sacrificio…una rendición

de nuestra mente,
voluntad, corazón y los sentidos,
a una *Mente Maestra,*

a Master Will
a Master Self.

Creation is God's Sacrifice —
water, air, fire, earth and void
a mystic whole —
ratiocinations an unfolding
and the urge to regain oneness
an elemental ache
to score eternal Sacrifice.

Sacrifice
is not self-immolation,
a self-torture
taught by half-pereived
but disciplined Self-giving
Self-perfetion
and for truest triumph
a leaf or flower
or a chalice of water

is all the litany to gain immortality —
all our thoughts and deeds
all our failings on earth
sacrificed to One All Merciful.

Akasa is not without
Water is not without
Wind is not without
Fire is not without
and Earth is not without.

Our human frame
is mini universe . . .
a capsuled fossil
microing vasts
of immense skiss :
all the fires

a una *Voluntad Maestra,*
a un *Ser Maestro.*

La Creación es el Sacrificio de Dios—
el agua, el aire, el fuego, la tierra, el vacío
un todo místico—
raciocinaciones en un desenvolvimiento
y un estímulo de recuperar la unidad
como el dolor elemental
para enumerar el eterno Sacrificio.

Sacrificio
no es la propia inmolación,
o la propia tortura
que enseñe y perciba a medias
pero la disciplina de la *Propia Bondad*
la *Propia* perfección
ya para el más verdadero triunfo
es una hoja o una flor
o una copa de agua

es toda la Letanía para ganar inmortalidad—
todos nuestros pensamientos y hazañas
y todos nuestros fracasos en la tierra
es sacrificado a un Todo Misericordioso.

Akasa no existe.
El agua no existe.
El Viento no existe.
El fuego no existe.
La tierra no existe.

Nuestro armazón humano
es un pequeño universo,
un fósil incrustado
empequeñeciendo extensiones
de inmensos micrométricos.
Todos los fuegos,

all the winds
all the floods
all the earth
all the times
all the Space
of boundless Universe
in mini realm
of rinds
and minds.

This human hood
essencing all the excellences —
the ivory vasts of evolved Void —
patriarching whipping winds
Solar flames whiling waters
quieted earth —
is mobile habitat :

Casements nine
Serving senses' wine
Centres six
that mutely hiss mystic chants
to cros the Mounts and reach the Peak
through humming creek —
a thousand-petalled Seat
throbbing to greet

the Gifted one
and ever heaven
the human him
with Highest Him —
eternal Two in One.

Once we are in God
we are One with the Infinite
and one in all
we see all, hear all
touch all, move all.

todos los vientos,
todas las crecientes,
toda la tierra,
todos los tiempos,
todo el espacio,
todo el universo ilimitado,
el reino mínimo
de las cortezas
y las mentes.

Esta capucha humana
lleva la esencia de todas las excelencias—
las extensiones marfiladas
en que se envuelve el Vacío—
patriarca los latigazos de los vientos
las llamas solares en remolinos de agua
que aquietan la tierra—
es una morada movible.

Nueve copas de cristal
sirven el vino de los sentidos
en seis Centros
que silban calladamente cantos místicos
para cruzar las montañas y alcanzar la cumbre
a través del arroyo que susurra
los mil pétalos de asientos
palpitantes para saludar
al talento,
a un cielo eterno,
a lo humano en *Él*
el supremo *Él*— el eterno *Dios en UNO*.

Una vez que estamos en *Dios* somos sólo *Uno*
con el Vacío
y *Uno* en todos
vemos todo, oímos todo,
tocamos todo, movemos todo.

Mortal Coil shed
and earthly elements scuttling source
the Soul peaks into Silence ...
the Vast, the Tranquil, the Motionless —
a Void of Peace and all extinctions . . .

And Five Elements
Orphanned
roam vales and dales
heights and depths
for cocooned movement —
an Infant Ego
raging to enact
many more acts
for another Expression
of Liberation.

Death is only for Shadows
not for Gnostic Fulls
Being BEING
and the Becoming
is not just wee wizardry
a solitary mask hiding hydra hiss
an ache for activity
a flash of vitality
a rumble of Senses
a blaze of desire
but a gloried start
and angel flight
into far off shore of Far Unknowns —
the physical frame not an incarceration
not a servile vehicle
not a tinelled robe
not a play without acts
but a cell that houses all impulses
of Divinity
in all serenity and rhapsody.

La serpentina mortal
esparce las fuentes de los elementos
terrenales y el alma suben al silencio,
va a la inmensidad, la tranquilidad, a la inquietud—
al Vacío de la Paz y a todas las extinciones.

Los Cinco Elementos,
huérfanos
vagan por los valles y vallecicos,
alturas y profundidades
en el movimiento en un capullo
el infante, *yo,*
en furia promulga
muchos otros actos
como otra expresión
de liberación.

La muerte es sólo para las sombras
no para los plenilunios gnósticos
del *SER* que *ES*
y el que *SERÁ*
no es aún sólo el pequeño sabio
una máscara solitaria escondida
en el silbido de la *Hidra,* (39)
un dolor para la actividad,
un retumbo de los sentidos,
una llama del deseo
pero un glorioso comienzo
y un vuelo de ángel
a una costa de la Lejanía Desconocida—
este armazón físico no es la prisión
ni es el vehículo servil,
ni la túnica adornada,
ni una obra sin actos
pero la célula que alberga en todos los impulsos
de la *Divinidad*
en toda la serenidad y la rapsodia.

Sorrows and Smiles
are not for men alone :
The Liberated roaming earth
weeps when others weep
sleeps as others sleep
smiles as others smile
and the grief, sleep and smile
of Fellow Travellers
are felt in his blood,
felt in the heart and felt in the head.
He shares the pain of tortured hordes
He groans when anguish ploughs other's flesh
He joys with others' jubilee.
He chalices flood of tears
hungers and angers of multitudes.
He is awake to Words from High
that bang the doors of universe
and stellar corridors traverse
and take humans to remote spheres
and sport on meadows of moons.

Face to face with King of Kings,
Souls of Souls,
Lone of all Alones,
the Liberated Self
is havenned in Heaven :

His eyes become Light :
His ears become spheres :
He reads hymns
in flames of suns
and reads scripts
in darkened noons.

He bones the blue :
He bloods the dawn
and epics rinse
from Firmaments —

Llanto y sonrisa
no son sólo para los hombres.
Los Liberados que vagan por la tierra
lloran cuando otros lloran
duermen cuando otros duermen
sonríen cuando otros sonríen
y el dolor, el sueño y la sonrisa
de los *Compañeros de Viaje*
son sentidos en su sangre,
sentidos en el corazón, sentidos en la cabeza.
Él comparte el dolor de las hordas torturadas
Él se queja cuando la angustia ara la carne de otros.
Él goza con otros en el jubileo.
Él apura el cáliz lleno de lágrimas,
hambres y enojos de multitudes.
Él se despierta con las *Palabras del Altísimo*
que golpean las puertas del universo y atraviesan
los corredores estelares y llevan a los humanos
a las esferas remotas
y juegan en las praderas de la luna.

Frente a frente con el *Rey de los Reyes,*
el alma de las almas,
sólo en todas las soledades
se libren a sí mismos
se asilen en el cielo.

Los ojos se vuelven la luz.
Los oídos se vuelven esferas.
Él lee himnos
en las llamas de los soles
y lee las escrituras
cuando se oscurece al mediodía.

Él nivela el azul.
Él sangra al amanecer
y las epopeyas aclaran
los firmamentos.

Each a Saga
Each a Cult
Each an Epoch
Each an Epic
Each to Each.

Five Elements
shrunk to macro maze
the Delivered One
is Onned with Mighty *One*
who creations weave
and tirelessly unweave —
urge and surge on merge of lone mirage.

He roams the Halls of unreached Highs,
and depths of ageless darkened realms
and one with Him
twirls round and round
wheels in wheels
with wheels on wheels
and runs the eternal hum
of Wheels Transcendent . ..
Catalytic Dusts . . .
Orgiastic jets . . .
Gnomic thrusts . . .
Boomerang flux . . .
Lila Kaivalyam.

Todo es una Saga.
Todo es un Culto.
Todo es una época.
Todo es una epopeya.
El uno es al otro.

Los Cinco Elementos
se encogen al marco del laberinto,
el único liberado
se une al *Todopoderoso*
que teje la creación
y desteje sin descansar,
empuja y surge al espejismo solitario.

Él anda errante por las mansiones sin alcanzar las alturas
y profundidades de los reinos eternos y oscuros,
y uno con Él
da vueltas y vueltas,
rueda y rueda
con ruedas y ruedas
y corre al eterno canturrear
de las transcendentes ruedas,
los restos catalécticos,
las luces orgiásticas,
las sentencias gnómicas,
el movimiento bumerán...
Lila Kiavalyam.

NOTAS EXPLICATIVAS

EL AGUA

1 **Os** - osmio, metal raro (Os), semejante al platino de número atómico 76, muy duro y empleado para puntas de estilográfica.

2 **Rama,** una de las creaciones de Visnu en la mitología India.

3 **Krisna**, deidad India, octava encarnación de Visnu. Murió víctima de un flechazo.

4 **DNA-RNA -** Acido Núcleos.

5 **Nirvana**, en el budismo, anonadamiento final del individuo en la esencia divina.

6 **Buda**, Siddharata Gotama, fundador y creador de la religión Nueva, consiste en conducir al fiel a la aniquilación completa o nirvana.

7 **Yasodhara,** la esposa de Gautama Siddharata, Buda.

8 **Cristo, el Redentor,** el Mesías entre los cristianos, Jesucristo.

9 **Mahoma,** (579-632), fundador de islamismo, nació en la Meca.

10 **Sankara,** uno de los seis mayores sistemas de la filosofía Hindú.

11 **Rama,** una de las encarnaciones de Visnu en la mitología India.

12 **Prapathi,** la entrega total a Dios, defendiendo a los adoradores de Krisna.

13 **Madhwa,** apóstol del sur de la India, quien dijo que Dios era Krisna, y al rendirse, le otorgó la liberación espiritual.

14 **Auribundo Ghose,** (1872-1950), poeta, filosofo y místico, creador de la doctrina de la persistencia sin violencia.

EL VIENTO

LA TIERRA

animales que sufre diferentes cambios de acuerdo a la filosofía o emociones.

28   **Psicometría,** estudio que sirve para determinar el estado higrométrico del aire.

29   **Psicosinetica,** ciencia que estudia el movimiento.

30   **Veda,** uno de los cuatro libros sagrados de la India, en lengua sánscrita, atribuído a la revelación de Brahma.

31   **Upanishad,** uno de los grupos del último tratado metafísico Védico.

32   **Sutra,** precepto o máxima Brahamanistica; escrituras en Budismo.

EL VACIO

33   **Panspernia,** (vitalidad universal) teoría del germen, asume que los gérmenes tienen practicamente difusión universal.

34   **OM,** en Hinduísmo, un mantra caracterizando el Poder Supremo y usado en adoración formal para invocar a Brahma.

35   **Svar,** el hogar de los dioses.

36   **Bhuvar,** es el hogar de los espíritus terrenales.

37   **Bhur,** es el hogar de los humanos. Todo lo de lo Alto es el hogar de los Buscadores.

38   **Akasa,** es Brahma, Brahma es eterno, es frente, es detrás, es derecha, es izquierda, está arriba, está debajo, es el Universo y está en todas partes.

39   **Hidra,** monstruo de siete cabezas muerto por Hercules.

www.ingramcontent.com/pod-product-compliance
Lightning Source LLC
Chambersburg PA
CBHW051427280526
45785CB00003B/1189